古玉圖譜

（第三册）

UESTCP
电子科技大学出版社

第三册目録

古玉圖譜

七

宋淳熙敕編古玉圖譜第三十五冊

宋受命寶璽　計六字

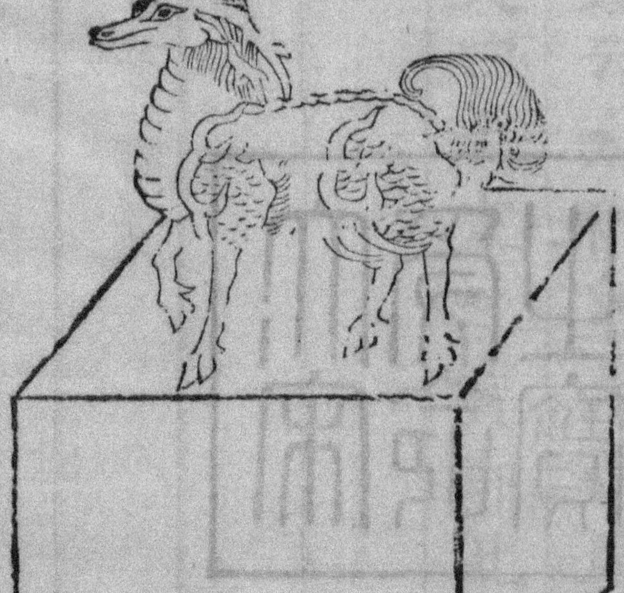

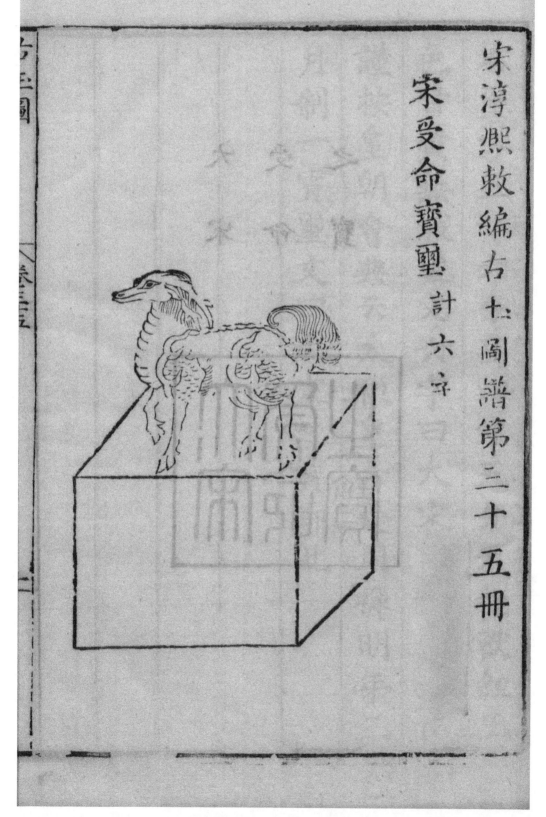

大宋受命之寶

右璽方三寸六分高四寸五分天祿獸鈕玉色甘黃無瑕璽文六字曰大宋受命之寶臣謹按皇朝會典云太祖皇帝受周禪明年三月制一寶璽文曰大宋之寶即此

宋中興受命寶璽 計八字

大宋
中興
受命
之寶

右璽方三寸六分高四寸五分天祿獸鈕玉色甘黃無瑕璽文八字曰大宋中興受命之寶臣謹按皇朝會典云中興御府藏玉寶十有一一曰鎮國神寶文曰承天福延萬億永無極二曰受命寶文曰受命于天既壽永昌二寶封禪用之三曰天子之寶荅外夷書用之四曰天子信寶舉大兵用之五曰天子行寶封冊用之六曰皇帝之寶荅鄰國書用之七曰皇帝信寶賜鄰國書及物用之八曰皇帝行寶降御札用之所

謂八寶也九曰受命寶太祖皇帝作文曰大宋受命之寶十

曰定命寶徽祖道君皇帝作文曰範圍天地幽贊神明保合太和萬壽無疆

十一曰中興受命寶光堯聖壽皇帝作文曰大宋中興受命之寶

連前八寶共十一寶也

宋國璽計四字

天子
之寶

宋園璽潤六四季

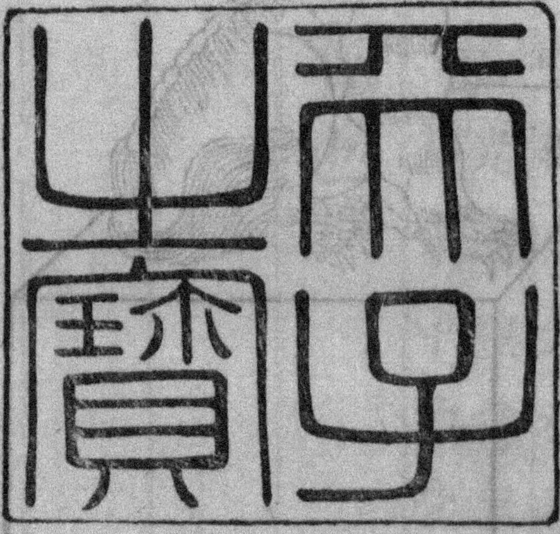

右璽方四寸高五寸五分開明獸鈕玉色瑩

白無瑕璽文四字曰天子之寶說具前璽

白典琡壐文四字曰天
子之寶龜具頂壐

右璽玉四寸五分食開陽爛瓮王莹瑩

右璽玉四十萬正十五

宋國璽 計四字 色天于公 字曰天子信寶說見前璽 天 諮寶

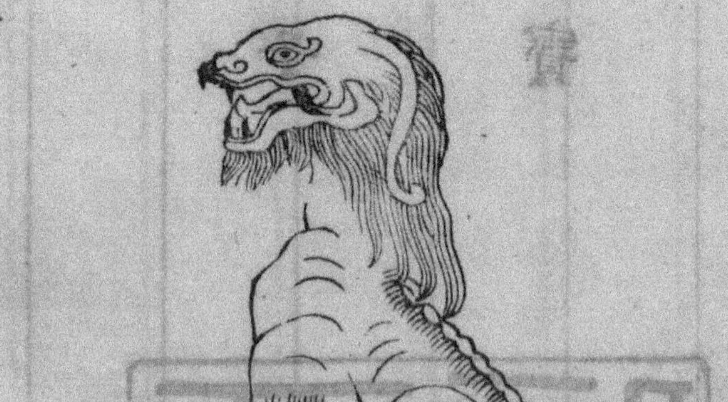

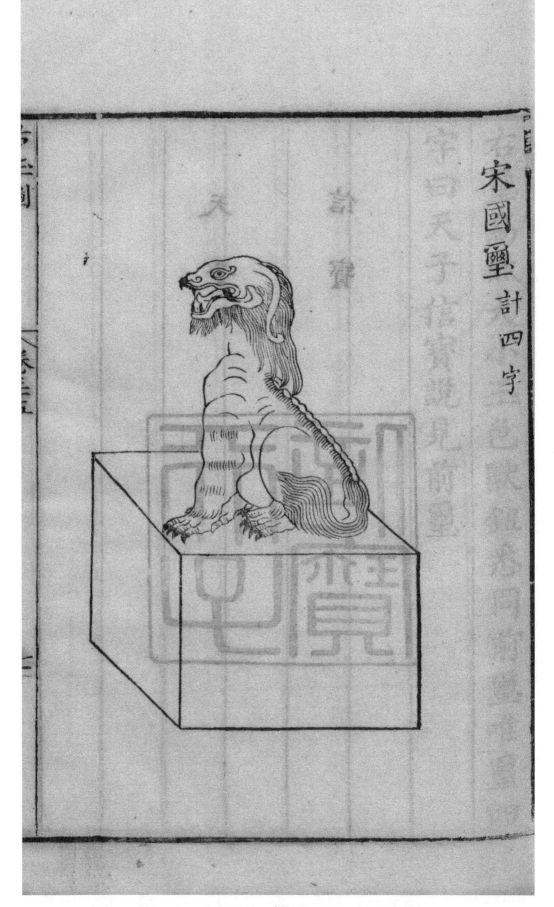

天子
信寶

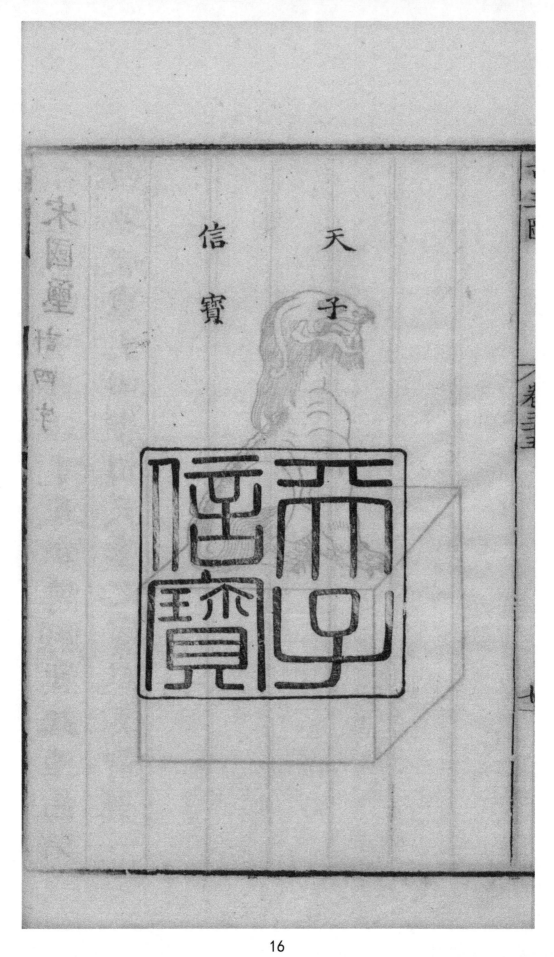

右璽高低大小玉色獸鈕悉同前璽唯璽四
字曰天子信寶說見前璽

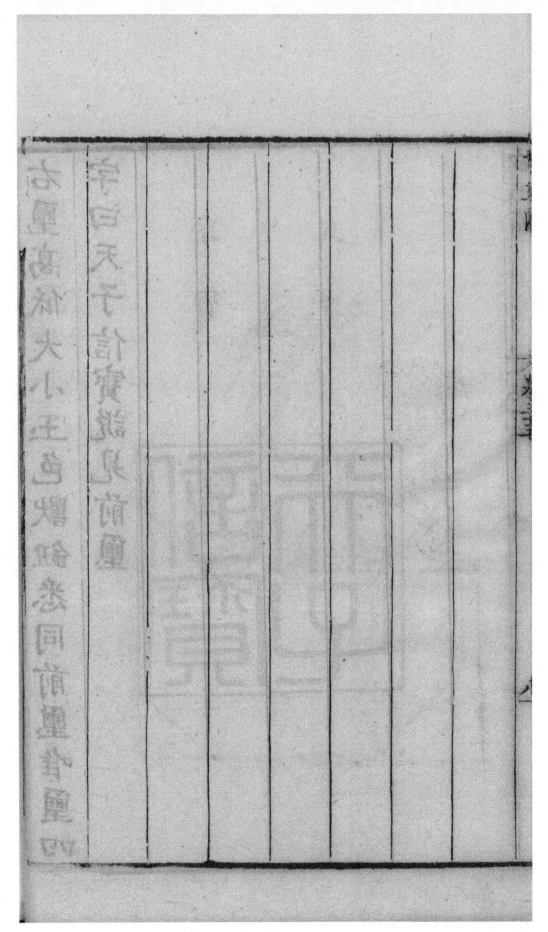

宋鎮國神璽 計九字

承天福
延萬億
永無極

右璽方五寸五分高六寸四分辟邪獸鈕玉色瑩白無瑕璽文九字曰承天福延萬億永無極名曰鎮國神寶說見中興受命璽下

無極名曰鎮國神寶其中與文合璽下
色瑩白無瑕璽文九字曰承天福延萬億永
右璽方五寸五分高六寸四分碑形瓛鈕工

宋定命寶玉璽 計十六字

範圍天地
幽贊神明
保合太和
萬壽無疆

右璽方六寸四分高如之辟邪獸鈕玉色瑩
白無瑕璽文十六字曰範圍天地幽贊神明
保合太和萬壽無疆名曰定命寶其說見前
中興受命璽下

中興受命璽可

補命本味尊壽燕國玉曰受命寶其始皇

白無䵝璽文十六字曰韓國天命□贊神邪

宋淳熙敕編古玉圖譜第三十五冊終

宋淳熙敕編古玉圖譜第三十六冊

宋受命璽

蟠螭鈕

受命于天既壽永昌

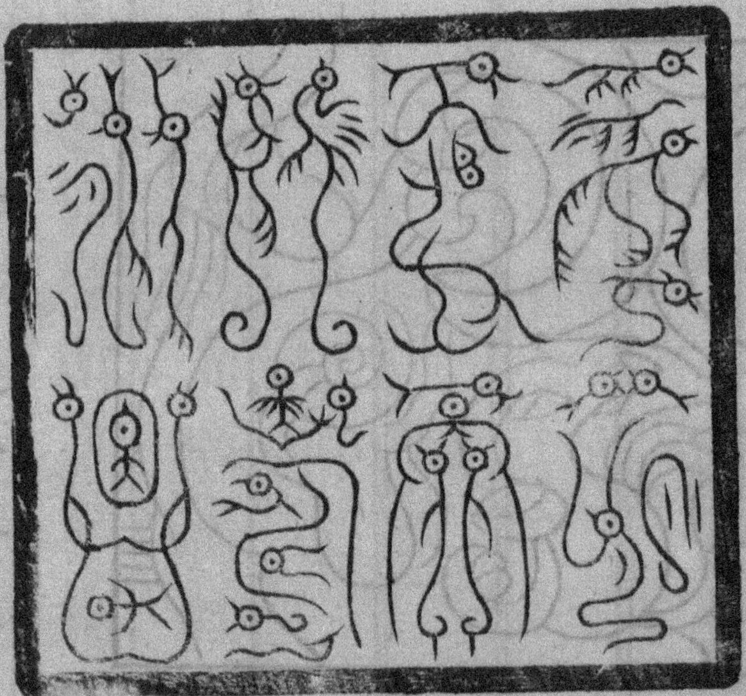

右璽高低大小螭鈕玉色璘斑已具列前冊
傳國璽圖譜下此璽於元符元年咸陽縣民
段義修舍得之進上敕蔡京辨之以為秦璽
遂命曰天授受命寶改元元符云

宋天子行寶玉璽 計四字

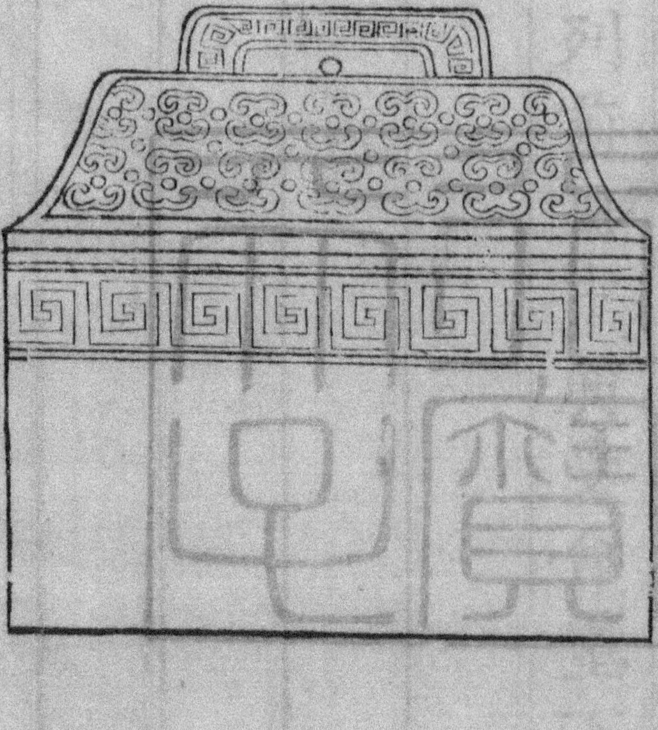

天子

行寶

来天子行寶玉璽十四字方

右璽方四寸高五寸一分壇鈕細碾臥蠶雷文最為奇藻玉色翠碧無瑕璽文四字曰天子行寶其說具列前冊中與受命璽下

宋皇帝之寶玉璽 計四字

皇帝
之寶

采皇帝之寶玉璽柏四纽

右璽高低大小壇鈕玉色皆如前璽唯璽文

四字曰皇帝之寶已具列前冊中與受命璽

下

宋皇帝信寶玉璽

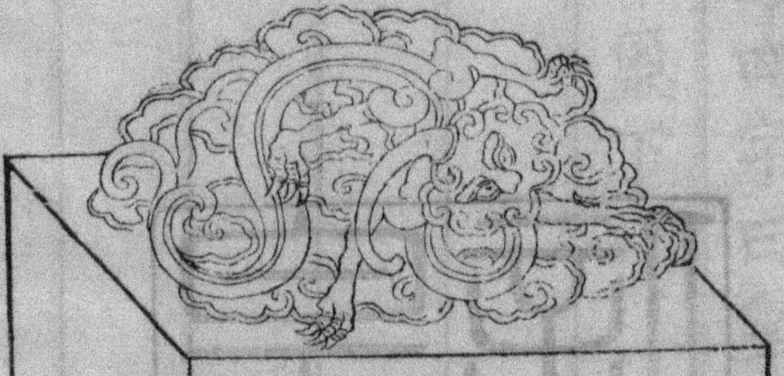

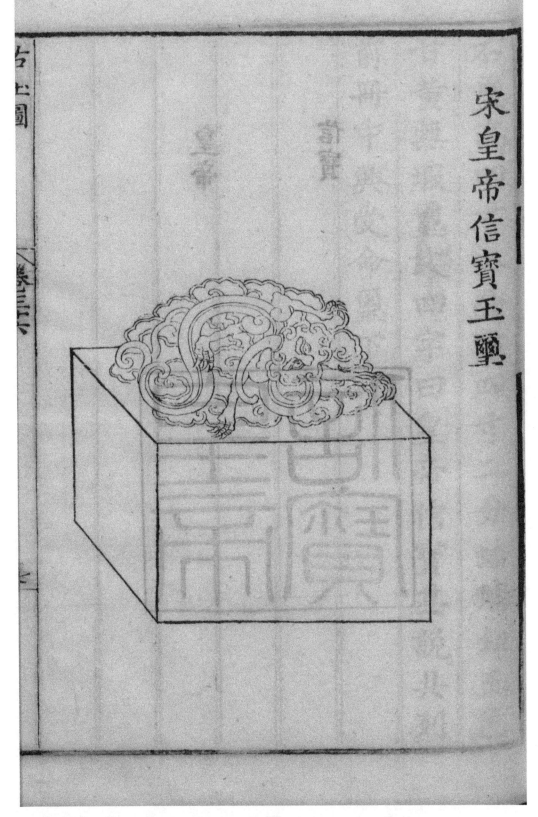

皇帝

信寶

皇帝
信寶

宋皇帝計寶玉璽

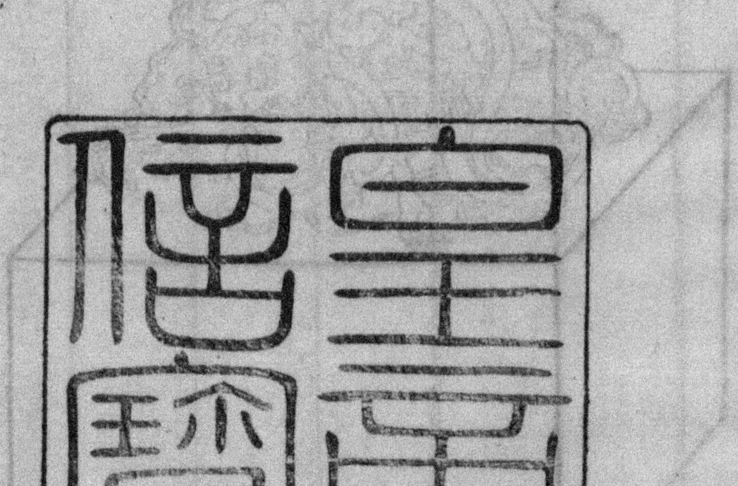

右璽高四寸八分方四寸二分蟠螭鈕玉色
甘黃無瑕璽文四字曰皇帝信寶其說具列
前冊中興受命璽下

宋皇帝行寶玉璽

皇帝
行寶

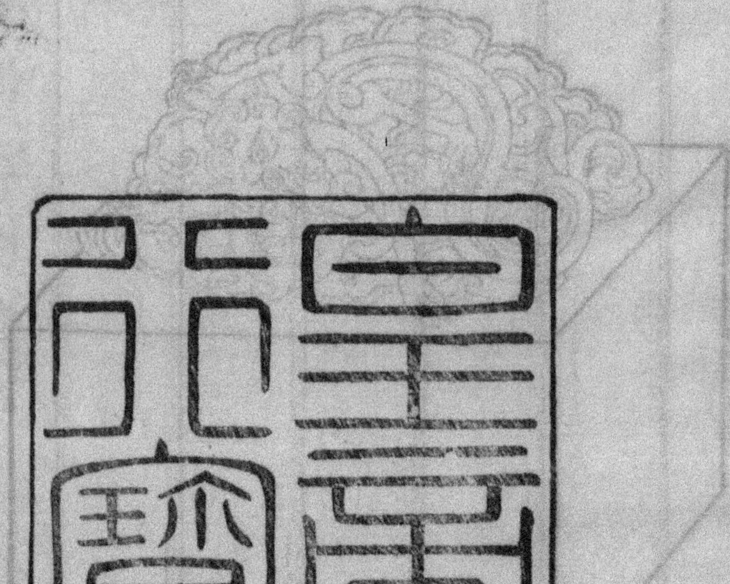

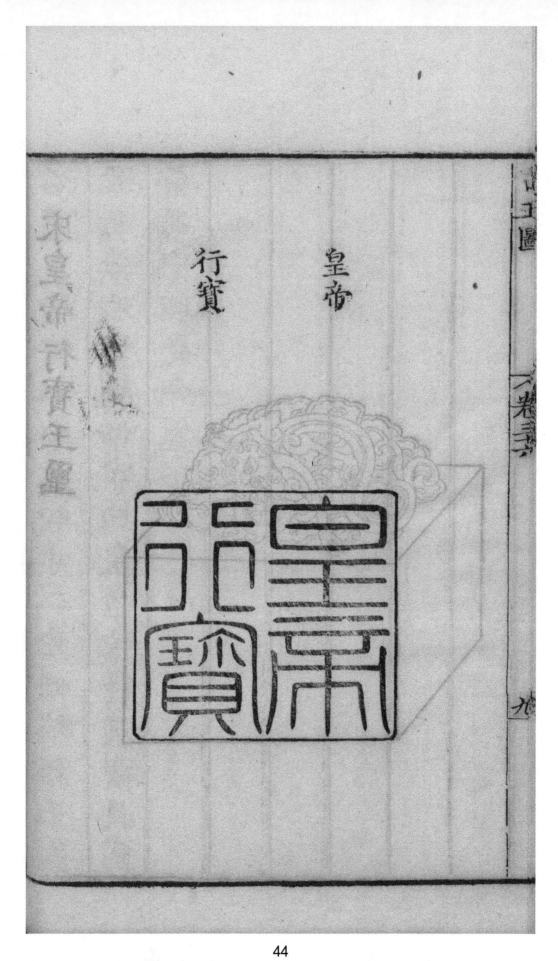

右璽高低大小蟠螭鈕玉色悉同前璽唯璽文四字曰皇帝行寶其説已具前冊中興受命璽下

宋天下合同玉璽

天下合同之寶

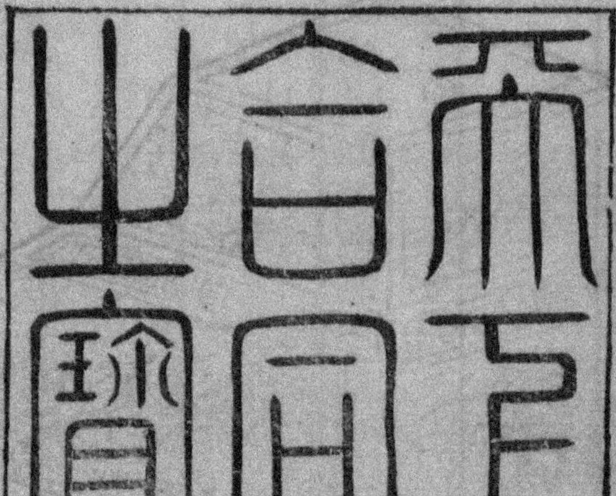

右璽方四寸高如之覆斗鈕鈕文碾雲雷龍鳳之文細入毫髮玉色甘青瑩澈無瑕璽文六字曰天下合同之寶施之於徵名王公及徵軍旅之用

將軍衆之用

六守曰天下合同

凡立女嬪人專襲王□世音□□麻□□文

宋淳熙敕編古玉圖譜第三十六册終

宋淳熙敕編古玉圖譜第三十七册

宋宣和小璽 計四字

麒麐鈕

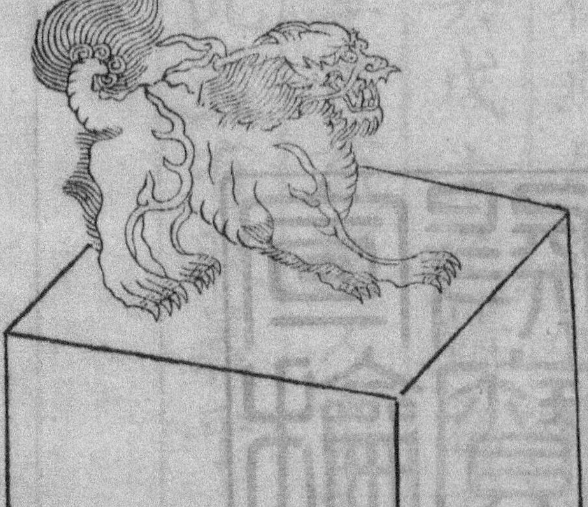

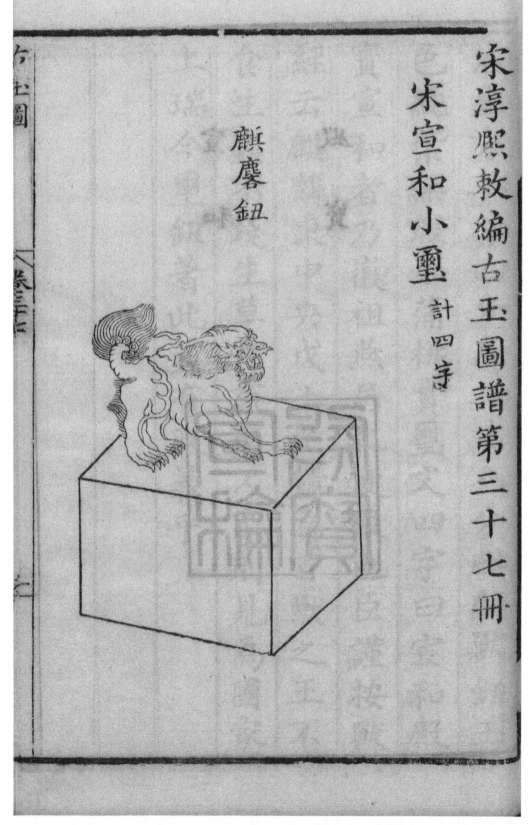

宣和

殿寶

右璽方二寸四分高二寸八分麒麟獸鈕玉色純紫無瑕如蒲桃實璽文四字曰宣和殿寶宣和者乃嶽祖燕居之便殿也臣謹按獸經云麒麟秉中央戊土之精為百獸之王不食生蟲不踐生草世有聖人出則見為國家上瑞今璽鈕著此蓋有取義乎

上瑞今璽鈕著此蓋有取義乎
食生蟲不踐生草世有聖人出則見為國家
經云麒麟稟中央戊土之精含數之王不
寶宣和者乃徽祖燕居便殿也臣謹按璽
色純紫無瑕如蒲桃實璽文四字曰宣和殿
右璽方三寸四分高二寸八分麒麟獸鈕王

宋緝熙殿小璽 計四字

舍利獸鈕

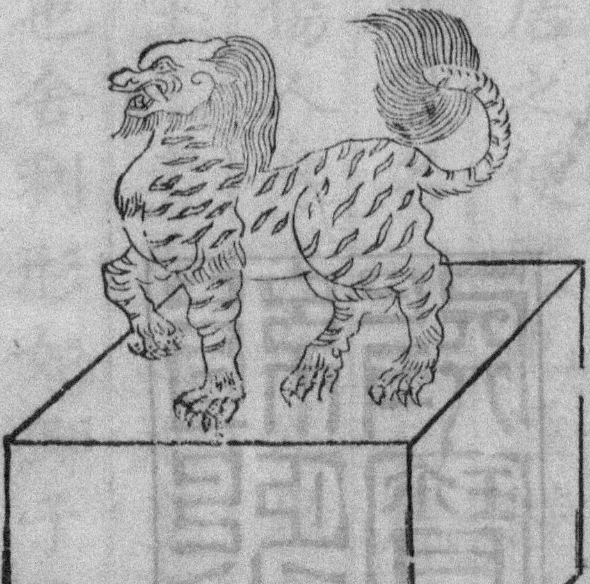

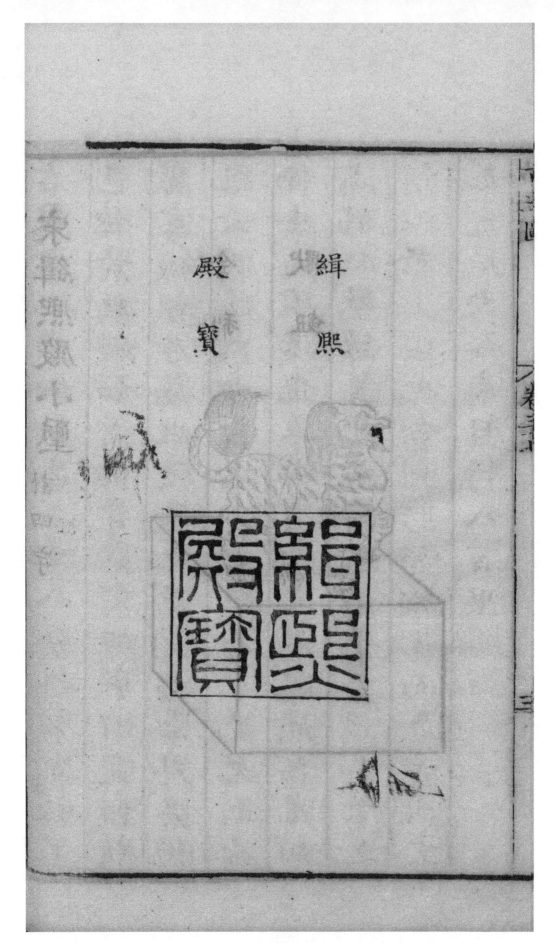

緝熙

殿寶

緝熙殿寶

右璽方二寸六分高二寸八分舍利獸鈕玉色甘黃無瑕璽文四字曰緝熙殿寶夫緝熙殿亦繳祖燕居之便殿也臣謹按海外異物志云天方國產獸名曰舍利虎豹為暴則出而食之惟不傷人身有奇光黑夜映之光如滿月口吐珠玉王者有道則至今璽鈕著之所以彰上瑞也舍利形如獅子而色黃斑文如虎尾大如扇日行八百里

如兎尾大如扇日行八百里
所以彰上瑞也舍利形如獅子而色黃斑文
满月口吐珠玉王者有道則至今畫鑑著之
而含之惟不傷人身有奇光異獸與之光并
志云天方國產獸名曰舍利虎豹多采則出
獸亦稱祖麟居之便戲也臣謹按海外東方
色甘黃無瑕畫文四字曰緝熙藏寶夫緝熙
右鑑方三寸六分高三寸八分舍利獸鈕重

宋睿思殿璽　計丶字

[illegible]坐鈕

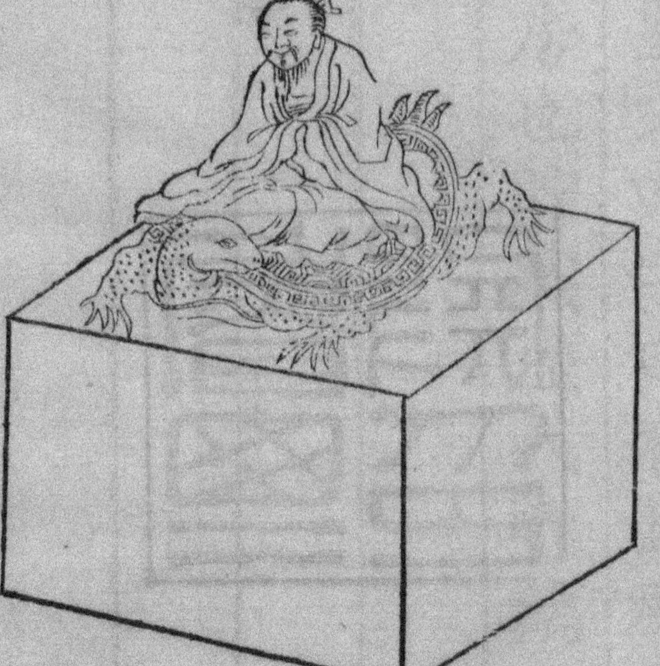

睿思殿印

右璽方二寸五分高二寸七分水靈仙人鈕玉色翠碧無瑕璽文四字曰睿思殿印睿思殿乃徽祖御書房也貯藏歷代奇編異籍之所

所

藏乃徽祖御書房也時藏違今於編纂擬之

玉色翠碧無瑕璽文四字曰睿思殿印寶璽

古璽方二寸五分高三寸七分水蒼仙人鈕

龍馬鈕

宋御書寶璽 計四字

臺白無瑕里文四字白御書之寶式

每用之御書之上

開禧良玉璽蒨工不苟

秦正圖 卷三十七

十

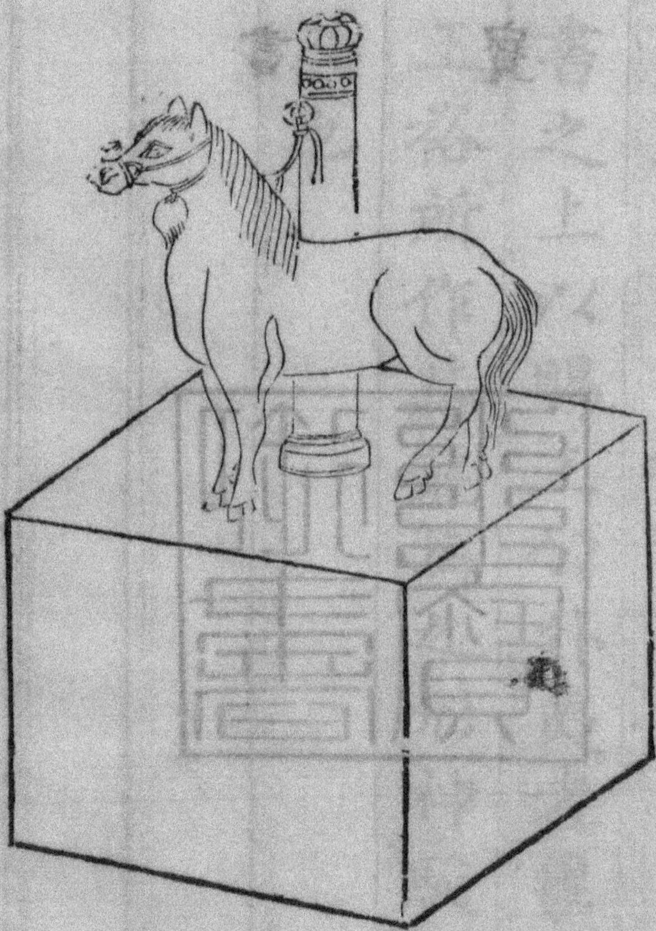

御書之寶

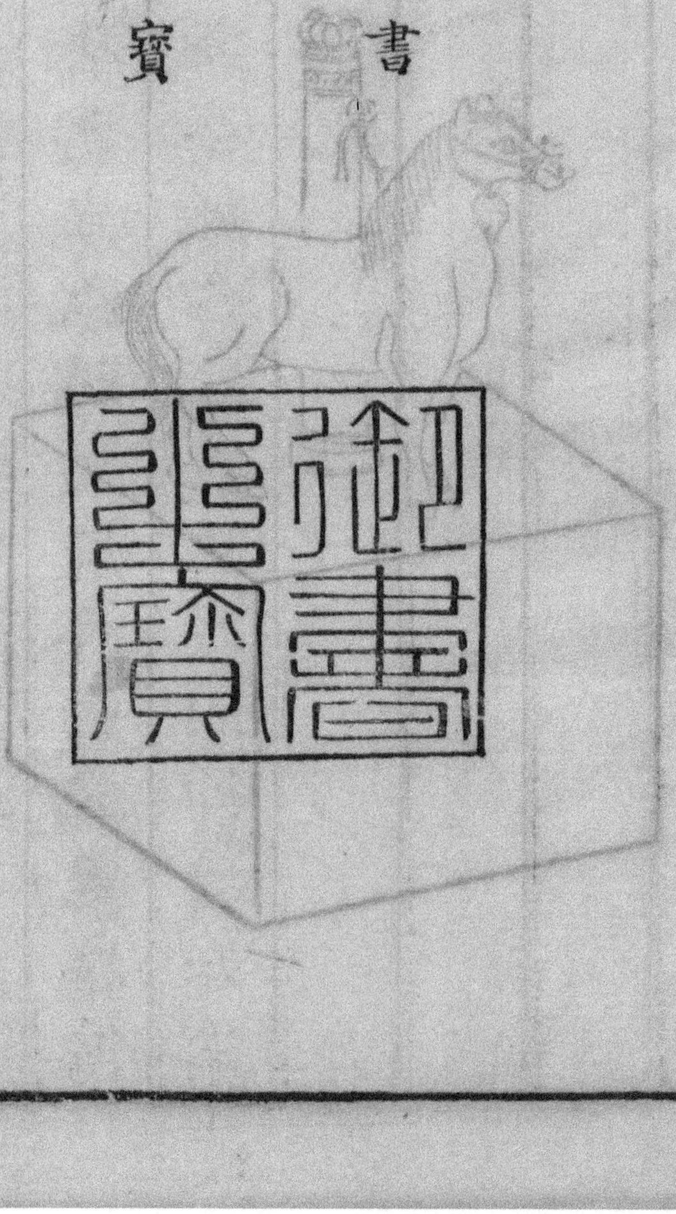

右璽方二寸四分高三寸一分龍馬鈕玉色瑩白無瑕璽文四字曰御書之寶此璽嶽祖每用之御書之上以賜王公外夷者璽鈕傳聞為良工王裕所作其龍馬之形神駿如生畫工所不及也

宋御前玉璽 計四字

文豹鈕

御前之印

右璽方二寸三分高如之文豹為鈕玉色甘黃璊斑惟點豹鈕如金錢斑最為奇特璽文四字曰御前之印此每用於頒賜御札之上

古運方五十三合高处少交合诊诊王曰诽

黄疏城卦裹诊喻吹金发斑易杀方讲建文

四字曰崘病少叩共南用体胸隅悟得升以丄

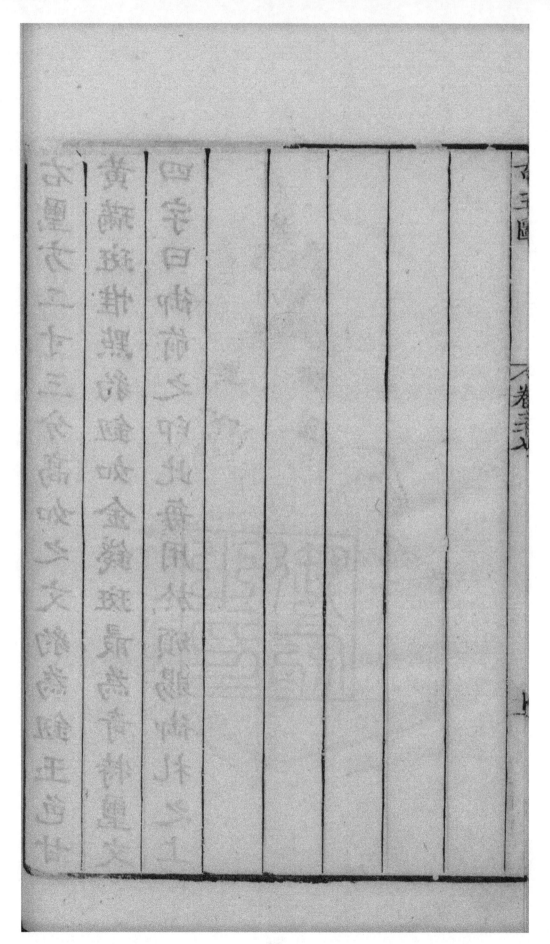

宋奉華堂印玉璽

計四字

靈犀鈕

奉華堂印

右璽方二寸五分高二寸六分靈犀獸鈕玉
色甘青無瑕璽文四字曰奉華堂印奉華堂
乃今太上光堯聖壽皇帝之貴妃劉氏之所
居也貴妃賢淑惠德宮中稱劉娘子工書畫
太上皇帝凡有披荅臣下札諭多命貴妃書
之與御書髣髴此印貴妃多用於自作書畫
之上者

宋淳熙敕編古玉圖譜第三十七冊終

宋淳熙敕編古玉圖譜第三十八册

宋内祕書小璽 計四字

蟠螭鈕

内秘書印

宋内殿秘書小璽 計六字

蟠螭鈕

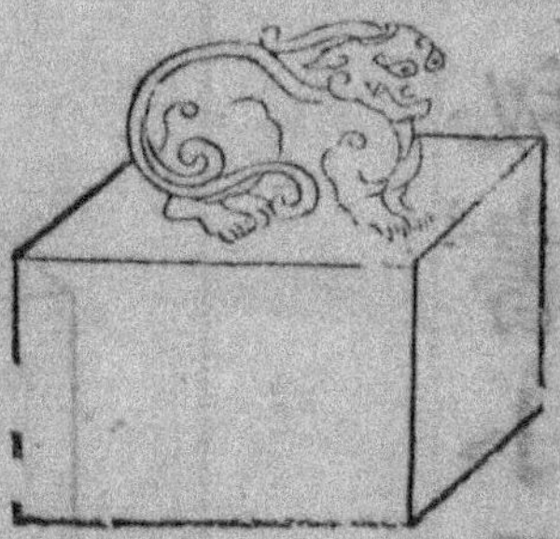

內殿秘書之印

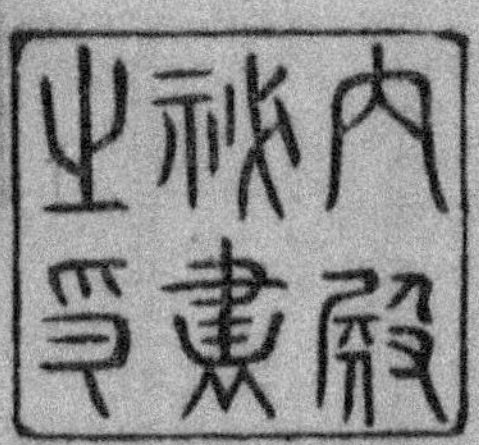

宋天水雙龍小璽

計二字

錢鈕

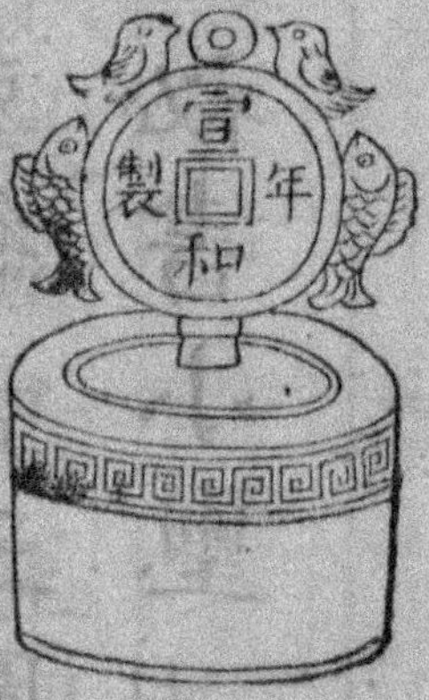

紹興

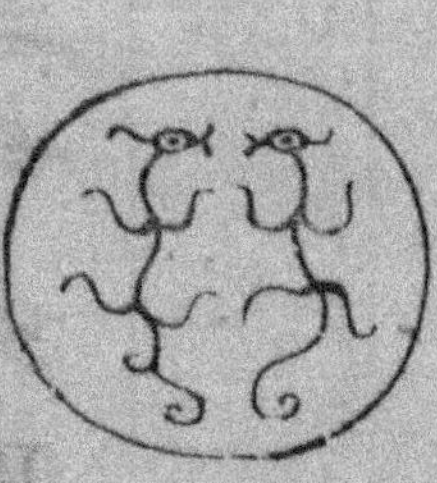

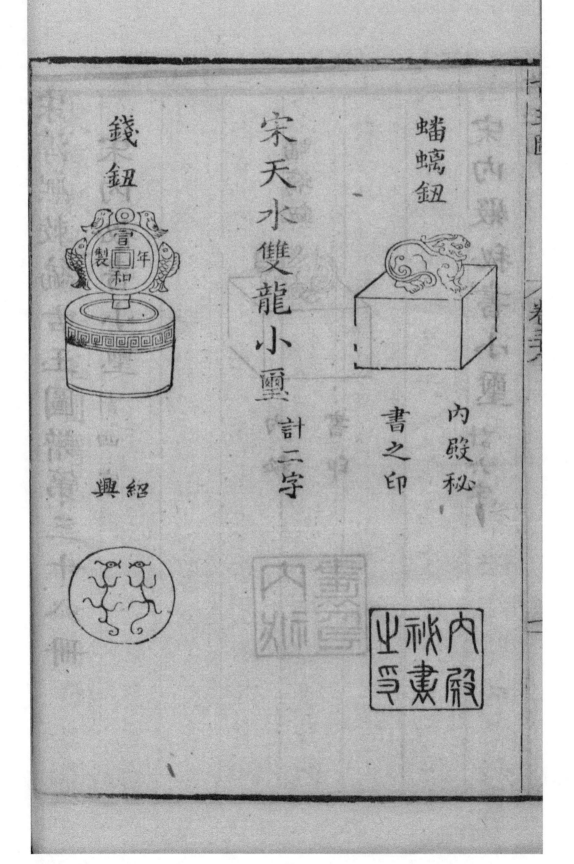

石印方一寸五分高如之蟠螭鈕玉色瑩白無瑕印文四字曰内秘書印此用於内府秘藏書籍之上

一印高低大小蟠螭鈕玉色悉同前印惟印文六字云内殿秘書之印此亦用於藏書之上者

又一璽圓徑三寸六分高二寸錢鈕玉色瑩白無瑕璽文二字曰天水篆法作雙龍之形

徽祖每用於御書畫上水墨畫...

上香

天一重圓面三十六分高二十...臨王宮...

天一宮云內樂蜂書之射我在用於流書之...

一的高於大小蟲蟲臨垤王合志園甫中...

蠶書蘇之土

無...中夫四宮日內蜂書中地供...

此的太一...正任...蟲臨王色道...

宋内府合同小璽 計四字

龜鈕

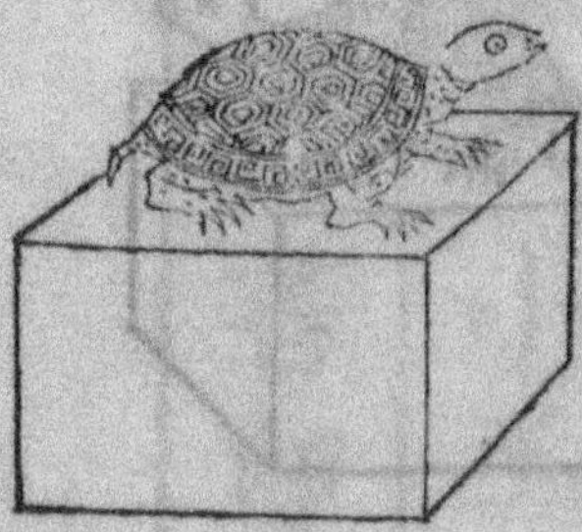

内府
合同

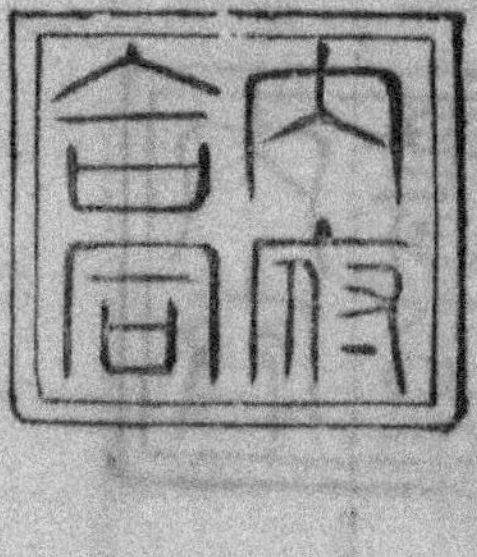

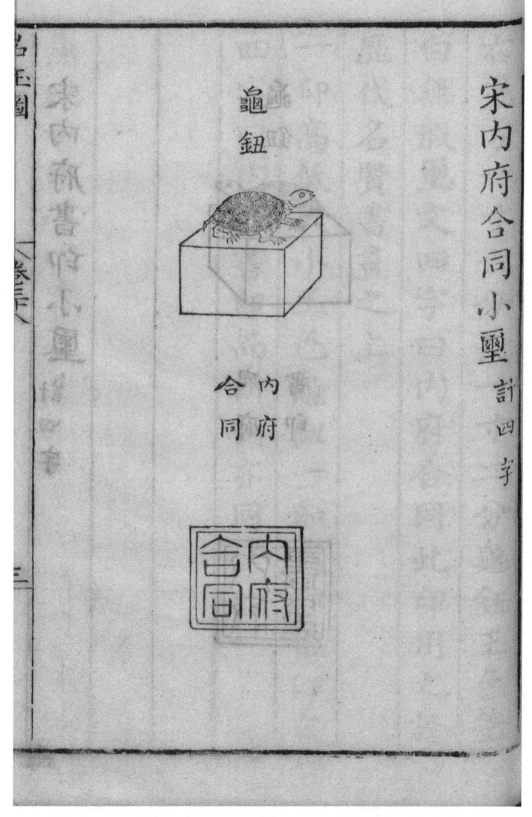

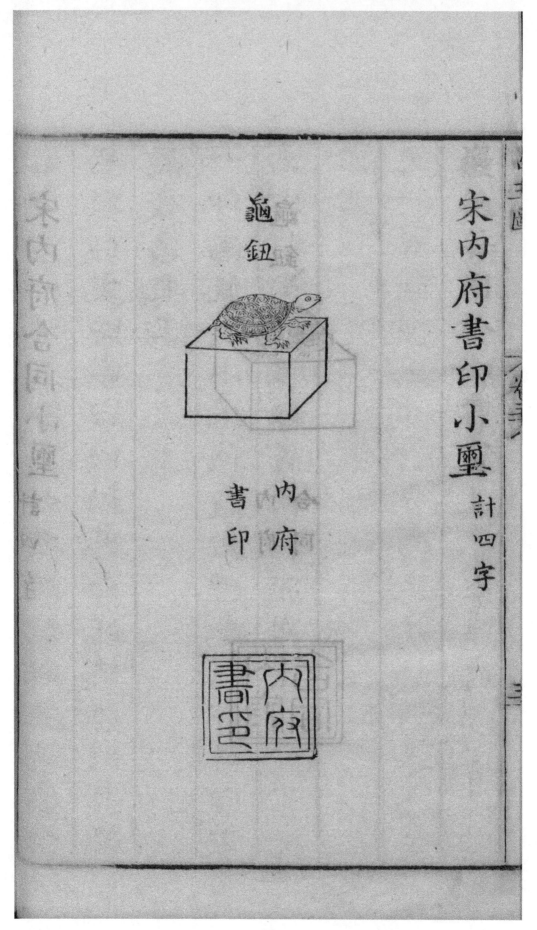

宋内府書印小璽 計四字

龜鈕

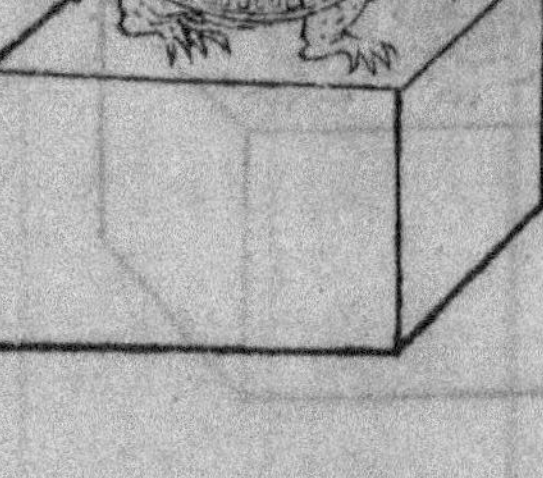

内府

書印

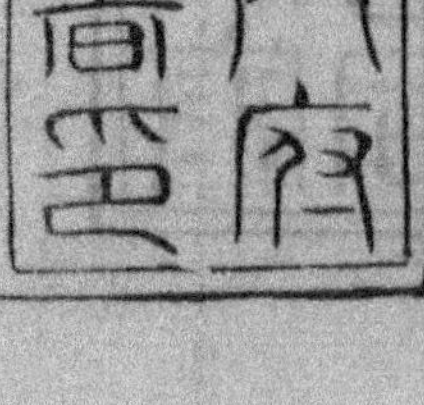

右璽方一寸六分長一寸二分龜鈕玉色瑩白無瑕璽文四字曰内府合同此印用之於歷代名賢書畫之上

一印高低大小玉色龜鈕一如前印惟印文四字曰内府書印而所用亦同

宋御書小璽 計二字

獅鈕

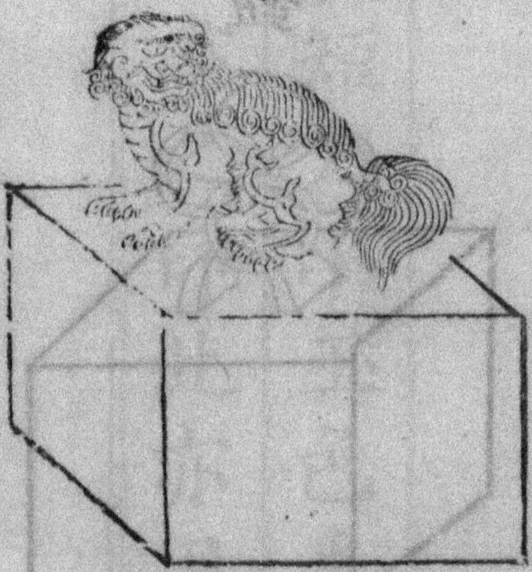

御書

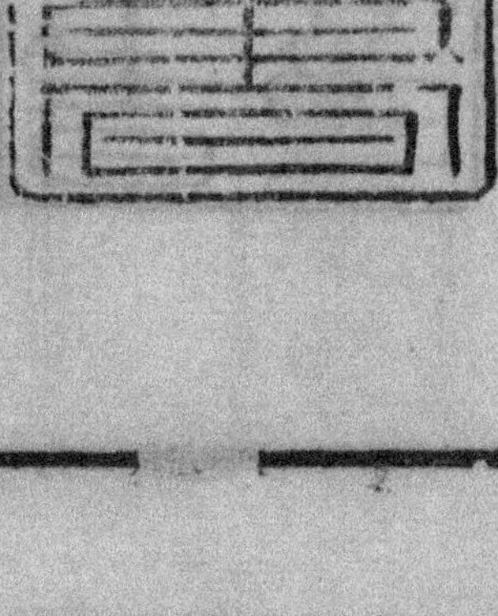

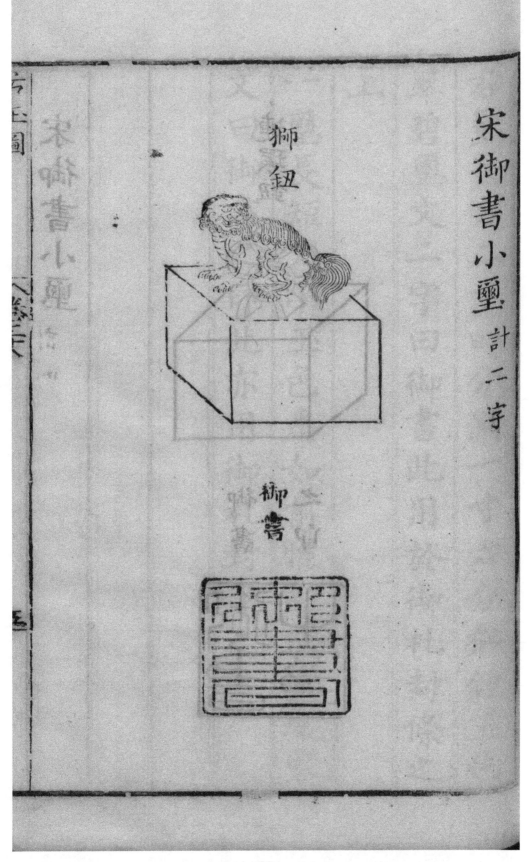

宋御書小璽 計四

連環鈕

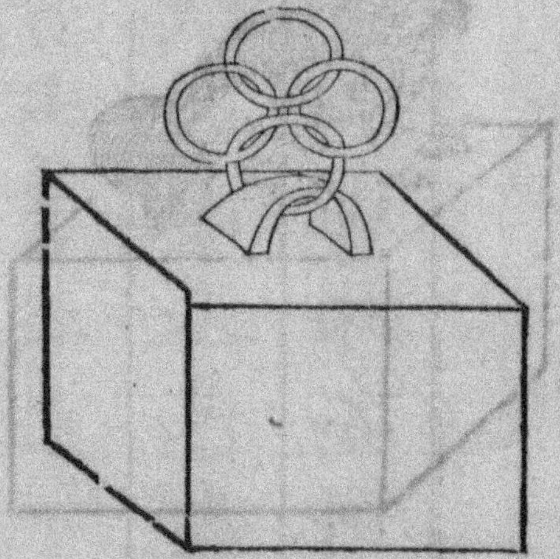

御書之印

右璽長方二寸四分濶一寸六分獅鈕玉色翠碧璽文二字曰御書此用於御札封條之上

一璽長短大小玉色悉如前惟鈕作連環璽文曰御書之印此亦用御札封條之上

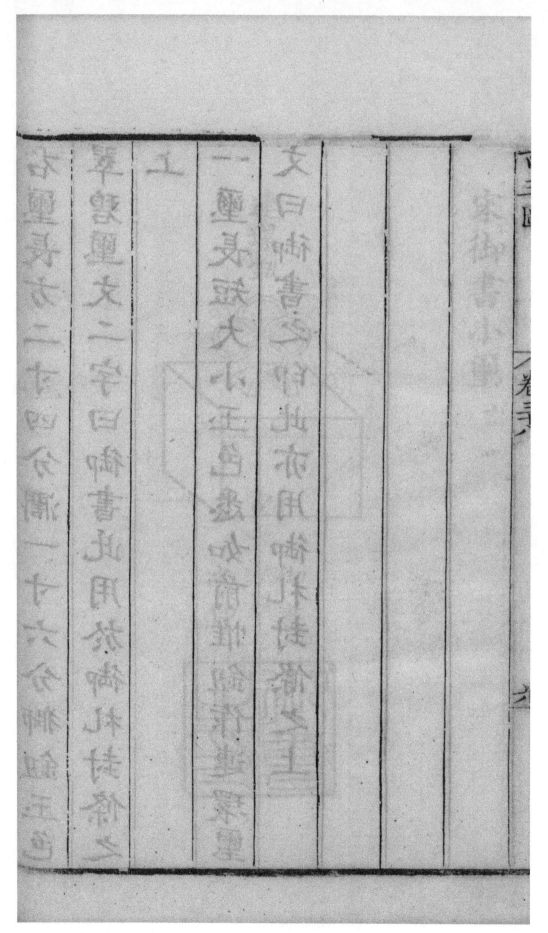

宋宣和小璽計二字

魚鈕

宣和

宋宣和小璽　計二字

虎鈕

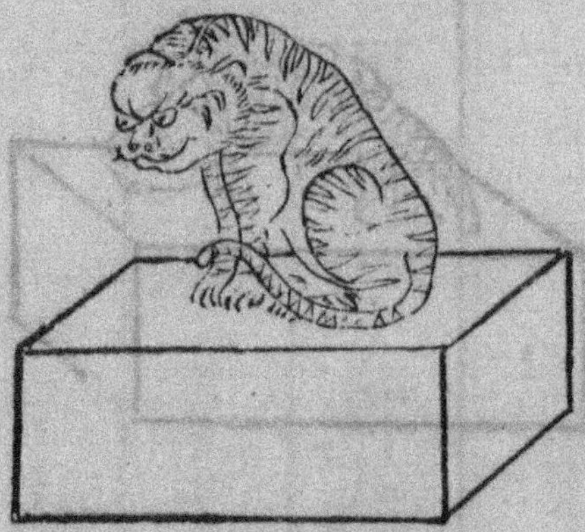

宣和

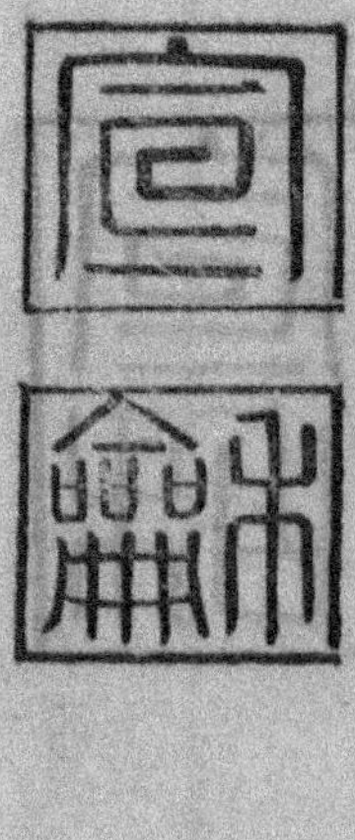

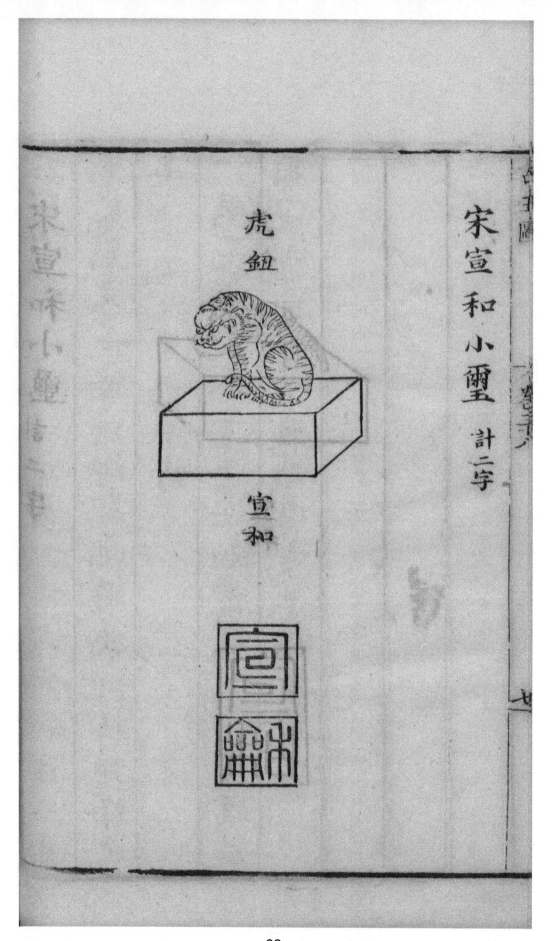

右璽長一寸六分濶五分九厘高一寸二分魚鈕璽文二字曰宣和此璽徽祖每用法書名畫之上玉色甘青

一璽長短大小玉色一如前璽刻伏虎為鈕璽文亦同於前收藏書畫上亦多用之

宋政和小璽 計二字

辟邪鈕

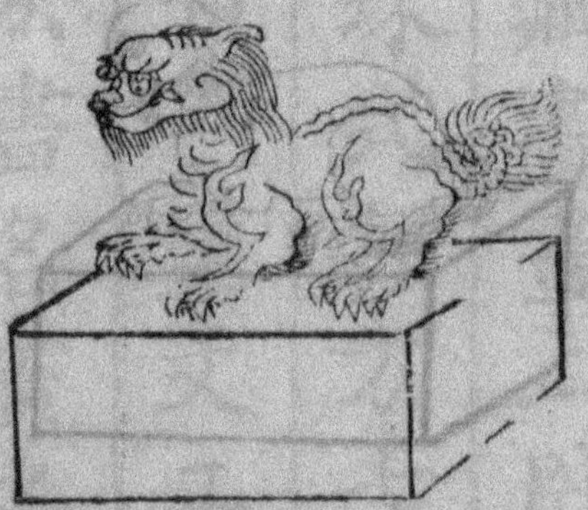

政和

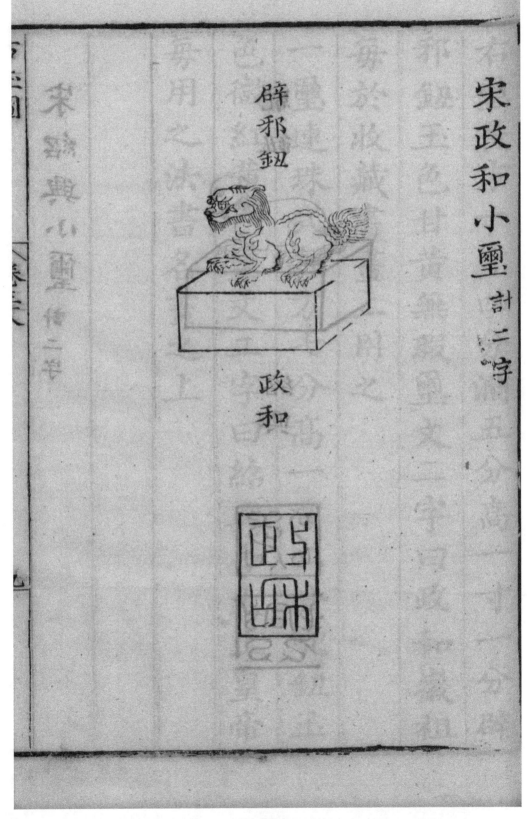

宋紹興小璽 計二字

駝鈕

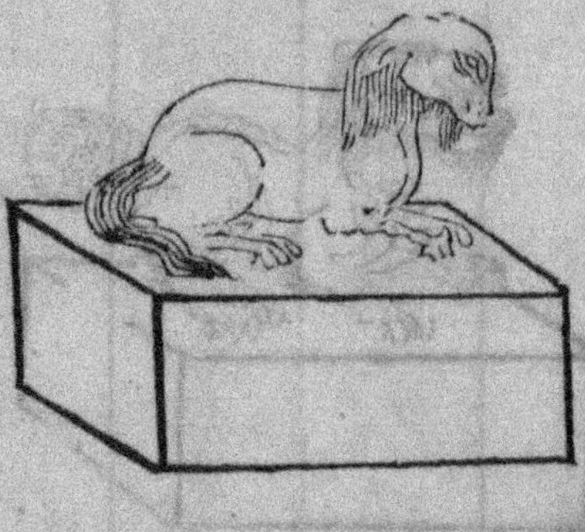

紹興

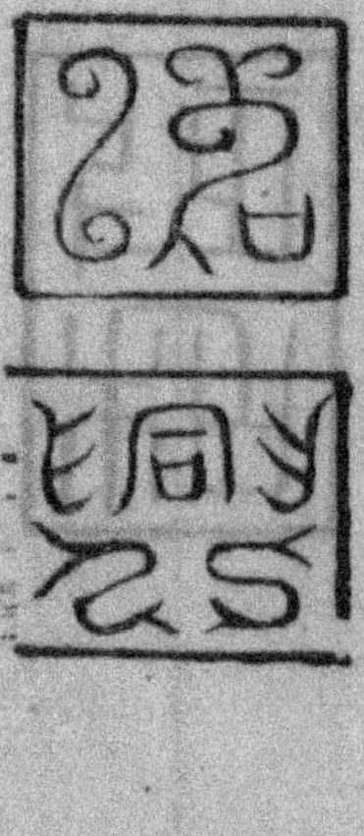

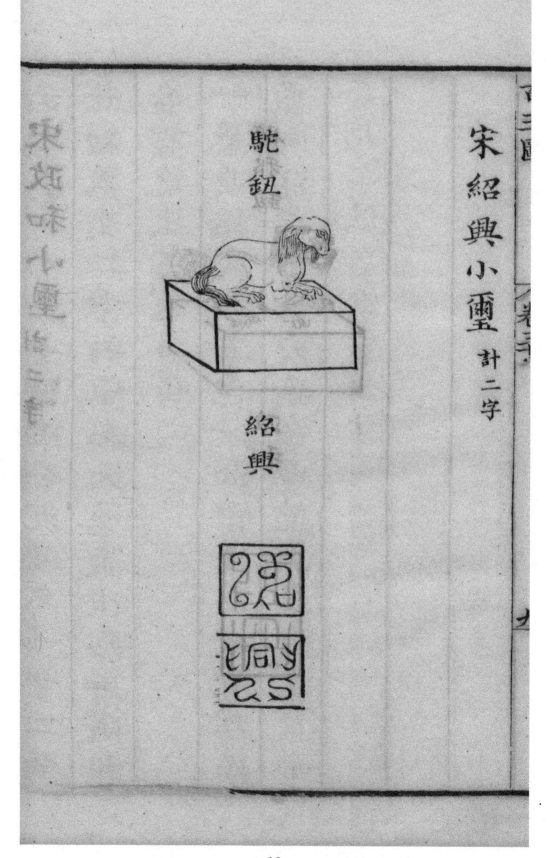

右璽長方一寸四分濶五分高一寸一分辟邪鈕玉色甘黃無瑕璽文二字曰政和徽祖每於收藏書畫上用之

一璽連珠式每方七分高一寸二分駝鈕玉色微紅黃色璽文二字曰紹興今太上皇帝每用之法書名畫之上

每用□法書各畫分寸

□楷法黃鳥鐘文三字曰鑿興令李工皇甫

一鐘□□大藏□□□食高一□□工□□

每法次藏書畫土用之

□□王□甘黃典康鐘文三字曰□味蘇縣

□國□□一□四食高一□□□□食□

宋紹興小璽計一字

鼻鈕

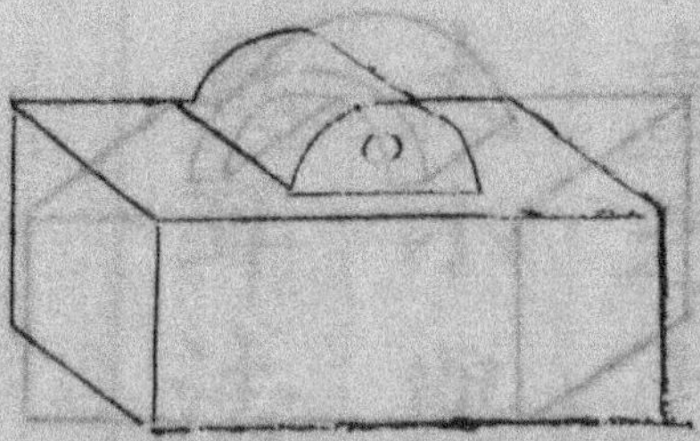

紹興

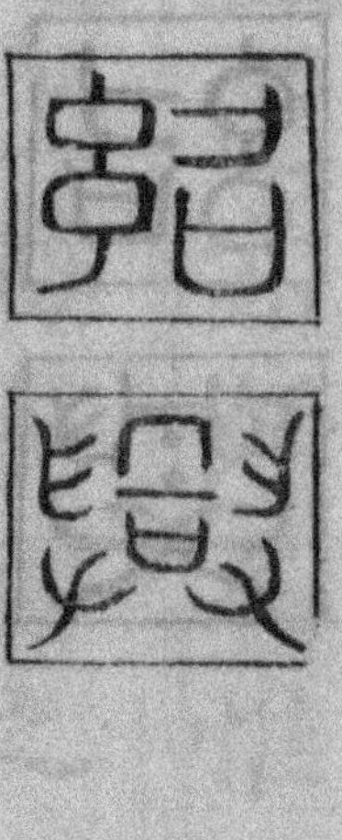

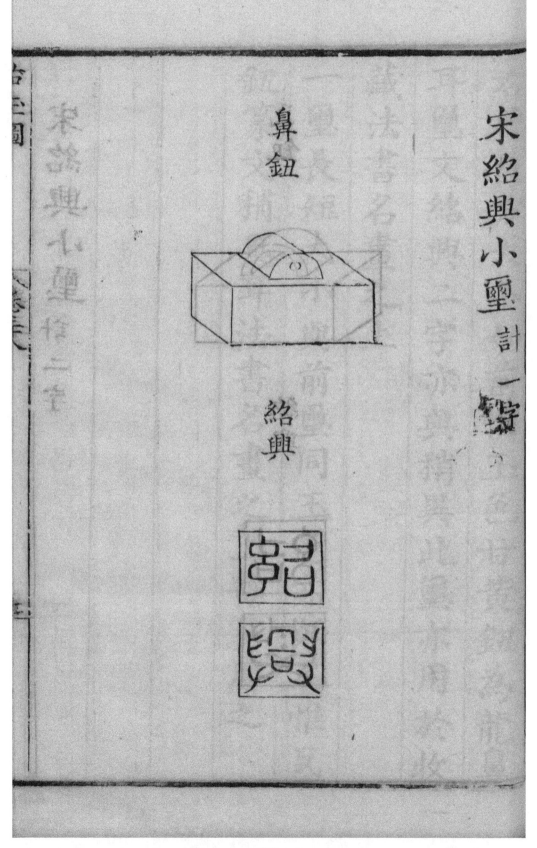

宋紹興小璽 計二字

瓦鈕

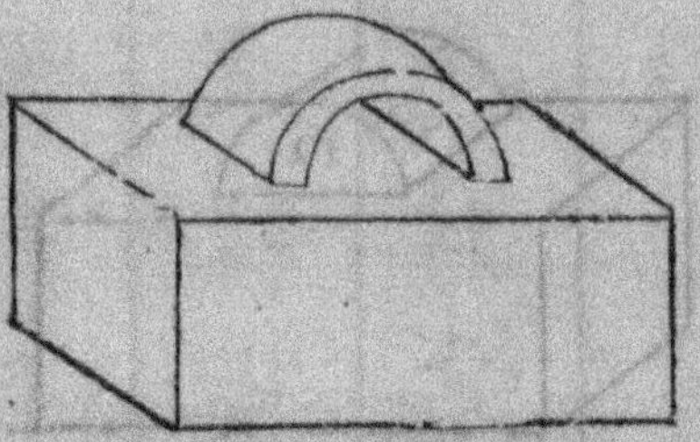

紹興

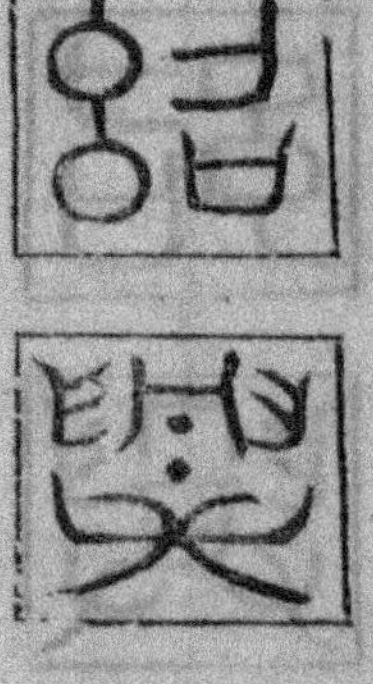

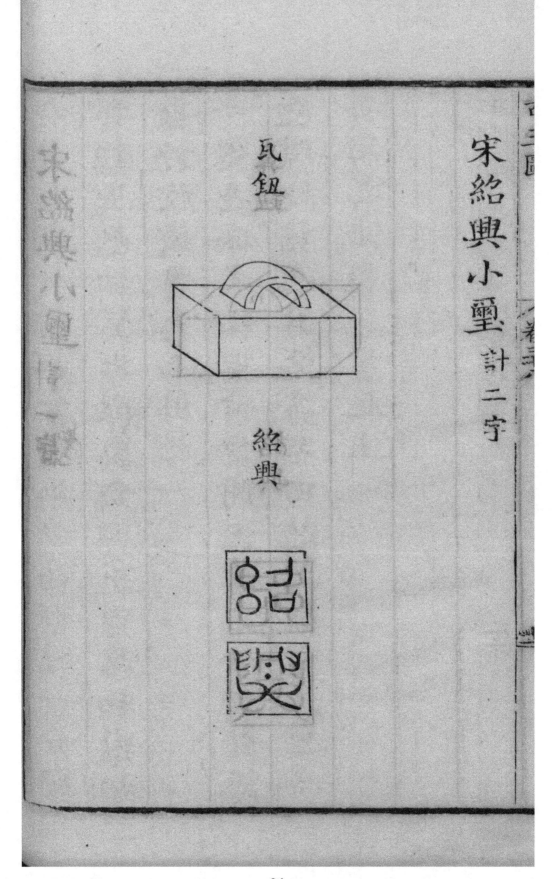

右璽長方大小如前惟玉色甘黃鈕為龍鼻耳璽文紹興二字亦與稍異此璽亦用於收藏法書名畫之上

一璽長短大小與前璽同玉色亦如之惟瓦鈕篆文稍異耳法書名畫之上每多用之

宋淳熙敕編古玉圖譜第三十八冊　終

宋淳熙敕編古玉圖譜第三十九冊

古玉古文玉冊 計三十六字無釋

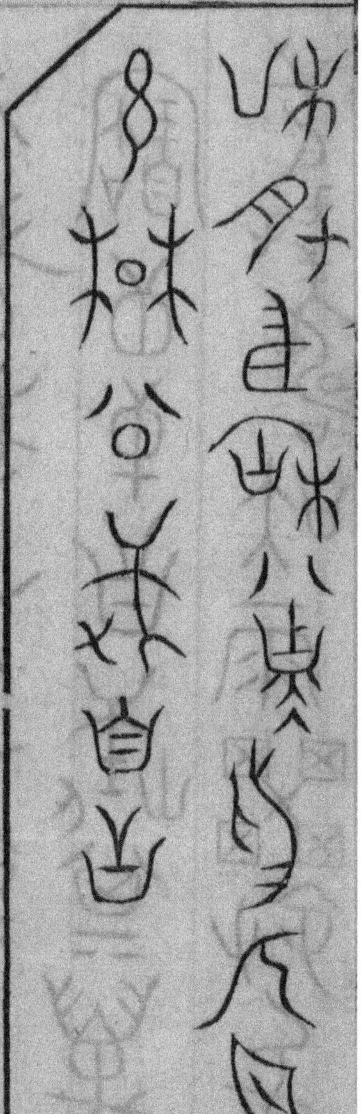

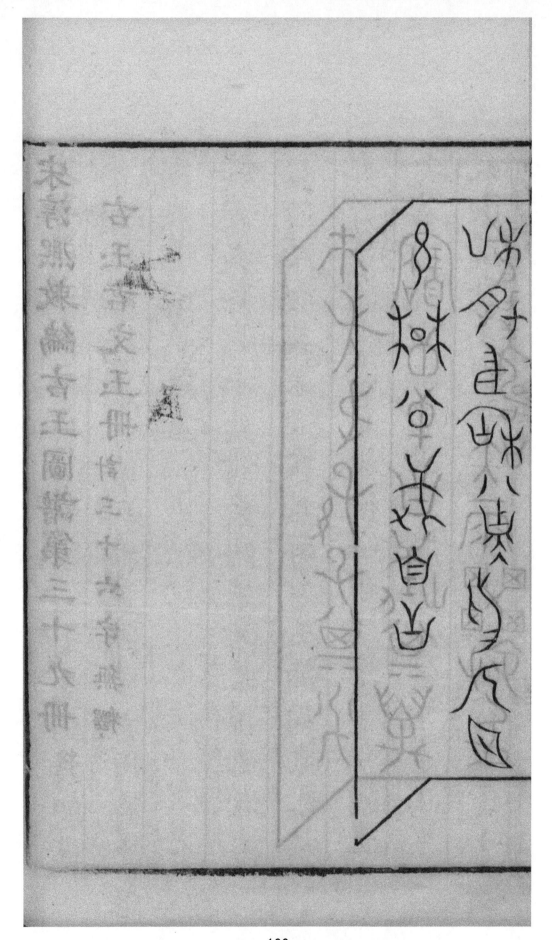

右玉冊長一尺一寸濶六寸四分厚四分玉色瑩白璊斑句布上刻古文三十六字古文奇奥數内不識者頗多闕疑可也臣徧閱史録曾未有以玉爲冊而刊字者此冊未知出自何世觀其篆文元妙醇古必商周之舊物也并下諸冊向藏於衡岳祝融峯下皇朝至和中六月雷雨迅擊崖崩出銅甕凡二髙三尺内藏諸玉冊十二方馬蹄金四笏古鏡十

二面丹砂每甕二塊各重五觔不等云

古玉魯侯玉冊 計六十四字

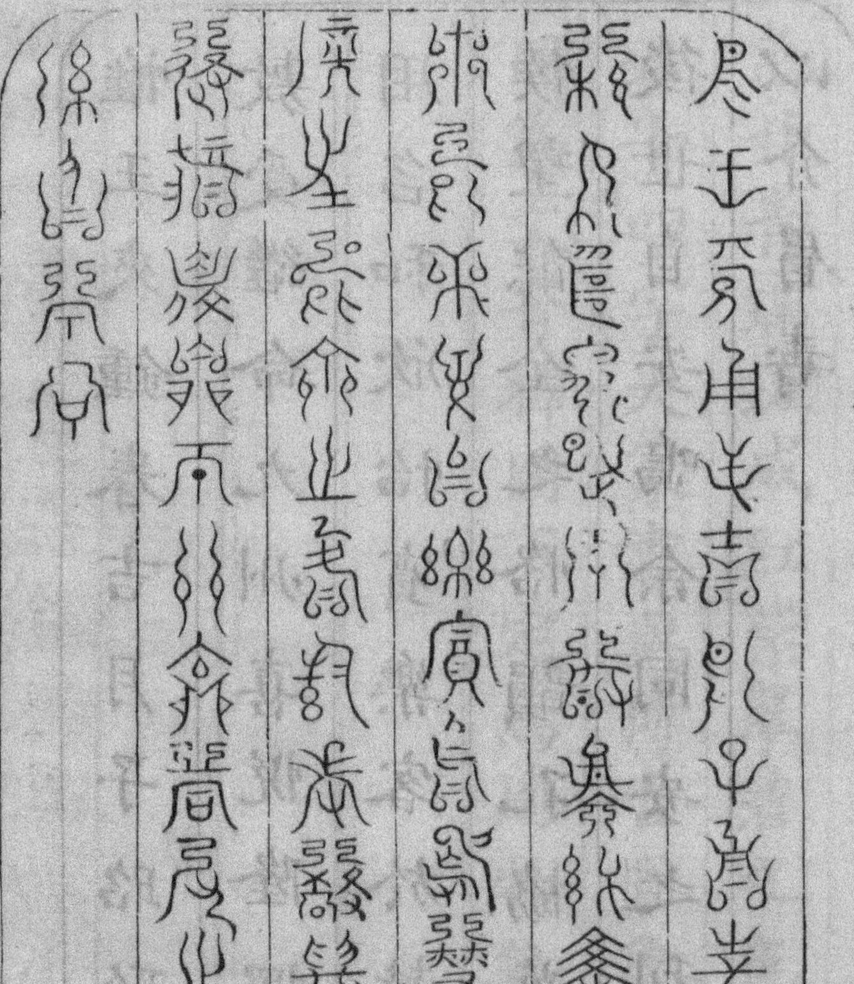

惟王夾鍾春吉月子昭聆懿之
敷受繼命九州喜悅隆擇吉玉
用名和欣怡賓樂客於赫純魯
俟望飫全之恪韻孔協萬年之
後世自安鳴余同安之利立孫
以介眉壽

右冊長一尺三寸濶七寸二分厚四分二厘
玉色甘青璊斑成紅紫翠碧之色如錯繡冊
文六十四字大篆書與博古圖魯侯鐘銘文
相同篆文音釋圖下定為周物無疑云

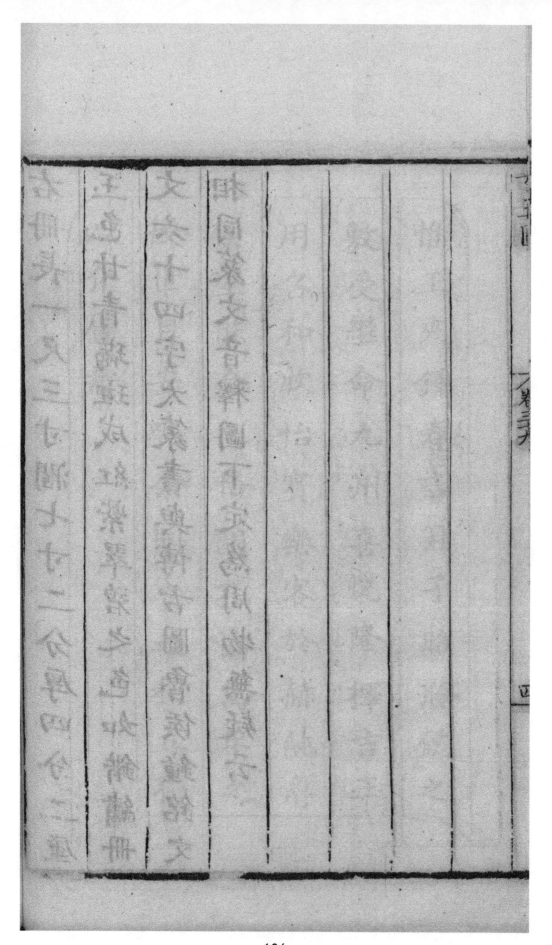

古玉遲父玉冊　計二十八字

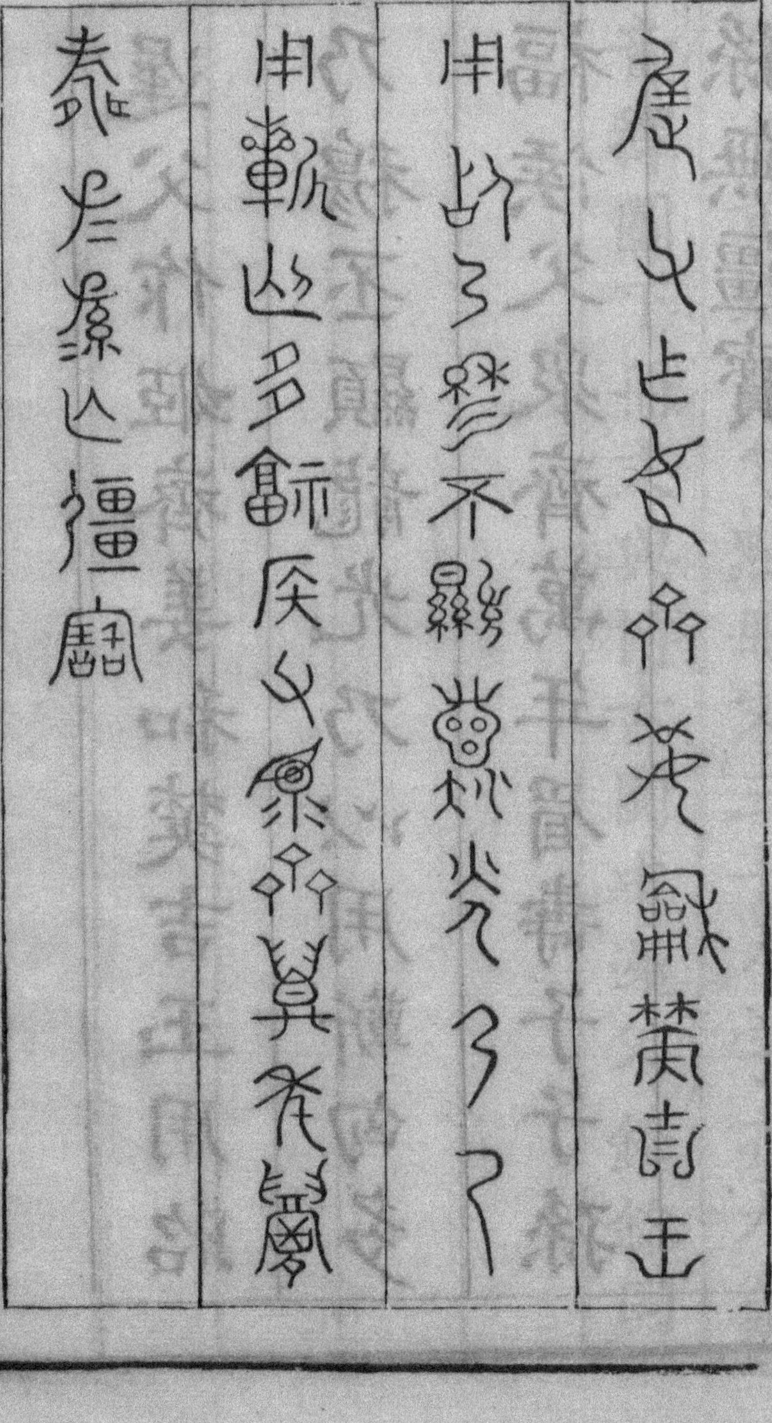

遲父作姬齊姜和㚘吉玉用昭
乃穆丕顯龍光乃以用蘄匃多
福侯父衆齊萬年眉壽子子孫
孫無疆寶

右冊長一尺一寸濶六寸四分厚四分八厘
玉色甘黃璊斑匀點冊文三十八字亦大篆
文音釋圖下冊文與博古圖中遲父鐘銘同

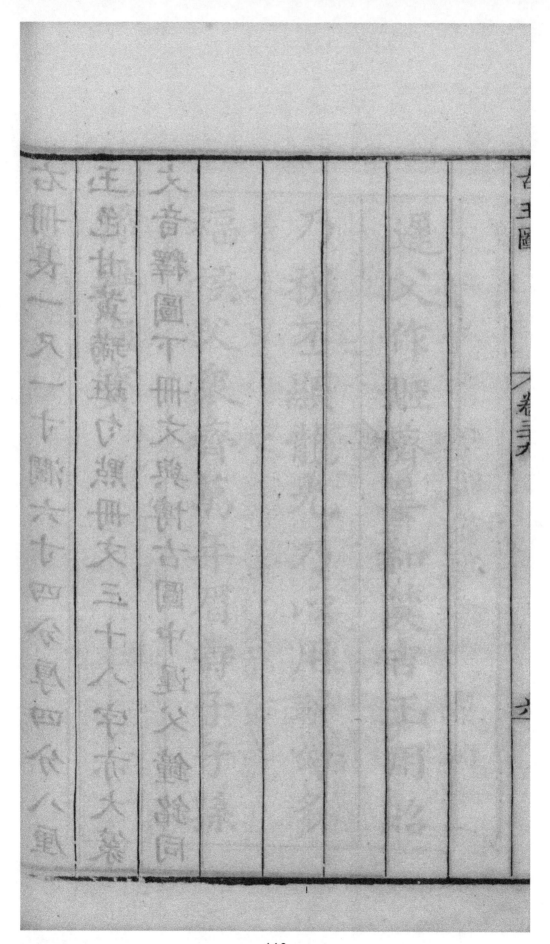

漢高祖登極郊天玉冊一 計六十一字

大漢皇帝臣劉季謹以太牢
宮醴致祭於
皇天后土頁琴稽首而奏言曰
嬴秦無衟四海鼎沸封豕長
虵吞噬九域臣以渺躬徒步
艸莽奮提師旅剪除凶暴群

此冊隸書易
曉無須音釋

右冊長一尺三寸濶七寸四分厚五分三厘玉色瑩白璊斑苔花間錯紅碧丹玄之色燦然冊文六十一字漢隷書書法遒美非漢人不能先臣歐陽修號稱博洽以為西漢以來無有文字此冊乃漢初之物文亦醇古想修昔在内廷未之見耳

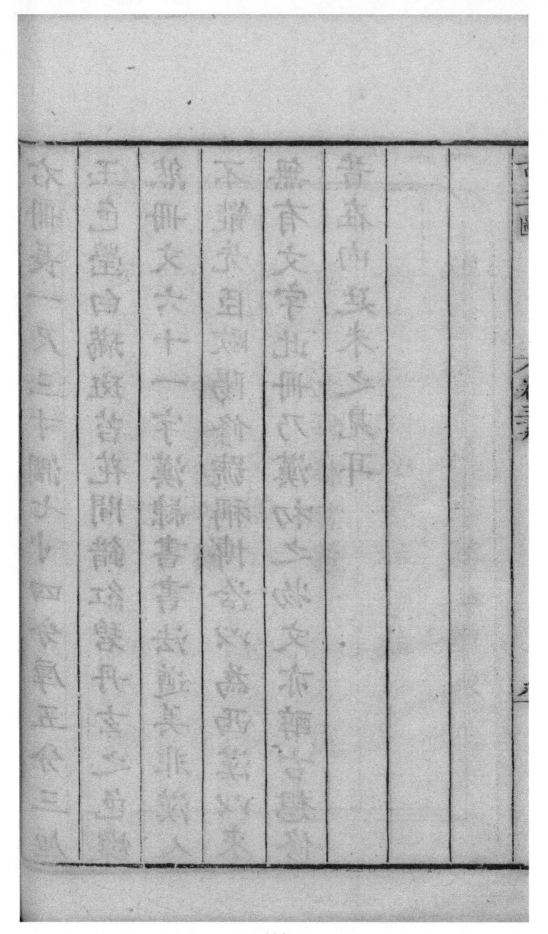

漢高祖登極詔文玉冊　二韻六十六字

下推戴膺璿寶自玆以從

黨將咸偕之善政革除暴秦

之許令輕徭薄賦與民更始

開設納諫去佞除苛宮室宜

卑一諂讒廢不致[二]武以戕

賊黔黎不致禽荒以傷殘[illegible]

凡刪隸書易
曉無須音釋

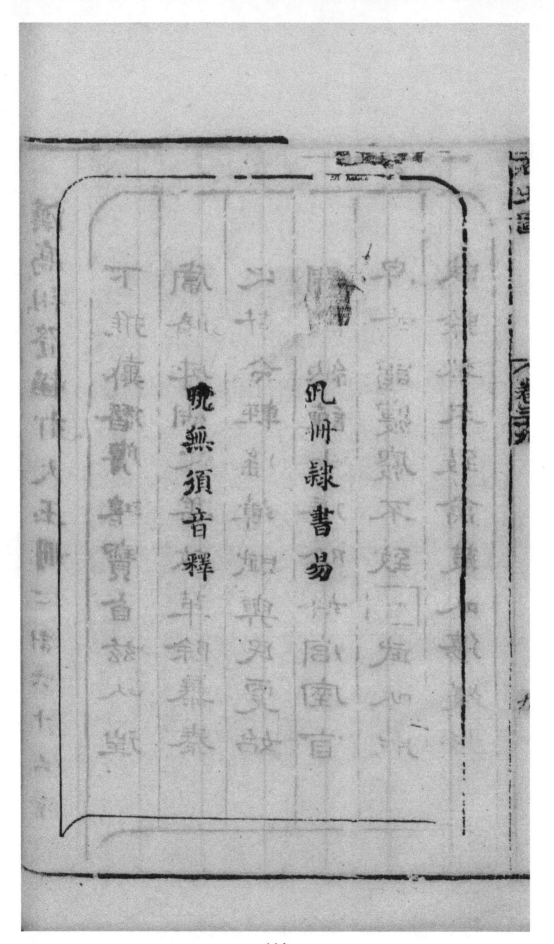

右冊長短濶狹厚薄玉色瑞斑悉如前冊惟
冊文六十六字

共六十六字

本圖反映開始早藏正白旗餘數人頭皮擋冊……

百三圖

卷三十

十

漢高祖登極郊天玉冊 計四十三字

命雖以寶王孚德炎劉隆嗣

願延國祚之綿綿積純嘏

丕騈顯尚咸昔道脩茲萃轍

復峪

昭仁大上

神明鑒之

此册隸書易
曉無須吾釋

右冊長短廣狹厚薄玉色璘斑悉如前冊惟冊文四十三字此以上共三頁計冊銘隸字一百七十字

宋淳熙敕編古玉圖譜第三十九冊終

宋淳熙敕編古玉圖譜第四十冊

古玉曾侯玉冊　計三十一字

惟王五十有六祀徙自西陽
楚王韵章作曾侯乙宗冊置
之於西陽其永時用享

石冊長八寸四分濶六寸一分厚五分三厘
玉色甘黃璊斑勻布冊文三十一字大篆書
與博古圖中曾侯鐘銘同音釋具詳圖下

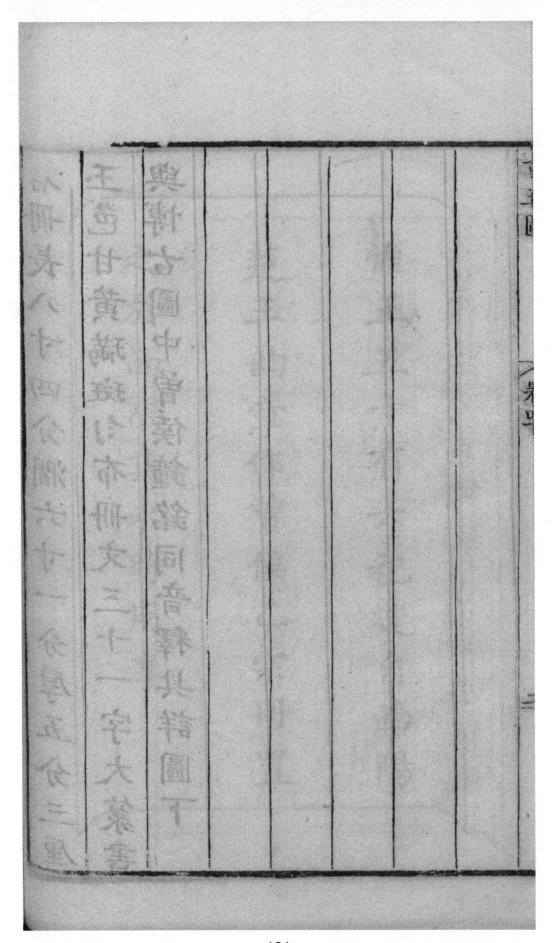

漢武帝填河告神玉冊一　計七十一字

洚水為災河決瓠子隄損城隍
漂殘民物皇帝欽躬勞齋心
罪己減膳避殿命駕臨河以閼
災變遂刑牲沉璧以告陽侯白
朕躬天一生水潤下為德澤及
艸木以滋百穀滙海安流帆檣

此冊隸書易
曉無須音釋

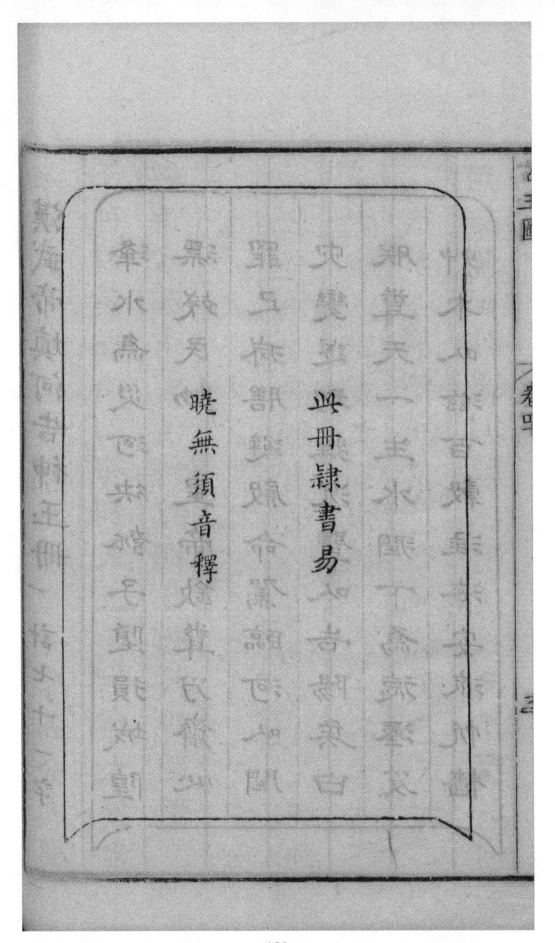

右冊長一尺二寸濶七寸五分厚五分五厘
玉色瑩白璊斑共苔花土銹相錯冊文七十
一字漢隸書筆法蒼古真漢室名賢奇跡臣
謹按司馬遷史記河渠書云武帝元光中河
决瓠子東南注鉅野通於淮泗帝使汲黯鄭
當時興人徒塞之輒復壞後二十餘年河移
徙歲數以不登而梁楚之地被災甚天子已
用事萬里沙還則臨決河沈白馬玉璧於河

令羣臣從官自將軍而下皆負薪置決河是
時東郡燒草以故薪柴少而下淇園之竹以
為楗於是卒塞瓠子築宮於上名宣防焉武
帝有瓠子一詩寄托深遠此冊蓋填河時與
馬璧同沈者歟

漢武帝填河告神玉册 二計六十九字

利濟汪洋之德功侔天地何為
逆流汹湧橫溢為青滄没我田
廬漂流我黎庶遂致平疇漥墊
化佐鯨波使我農氓靡畊爰損
嘉朕之不德上干天龢令為責
躬罪己脩德肆赦少邀

此冊隸書易
曉無須音釋

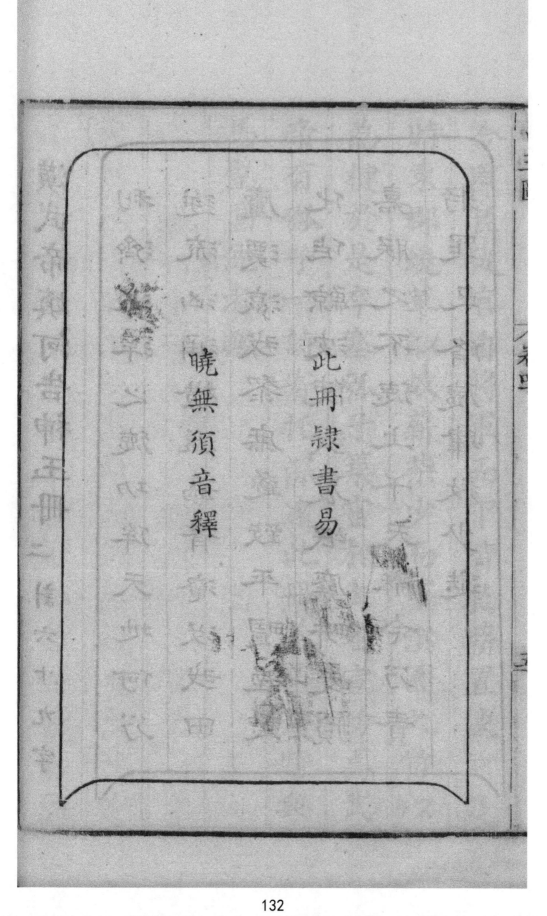

右冊長短濶狹厚薄玉色璊斑一如前冊冊文計六十九字隸法極佳後漢人無此筆法也

也

文計六十九字隸法極佳後漢人無此筆法

右冊長短闊狹同衡王邑錡鎰一如前冊冊

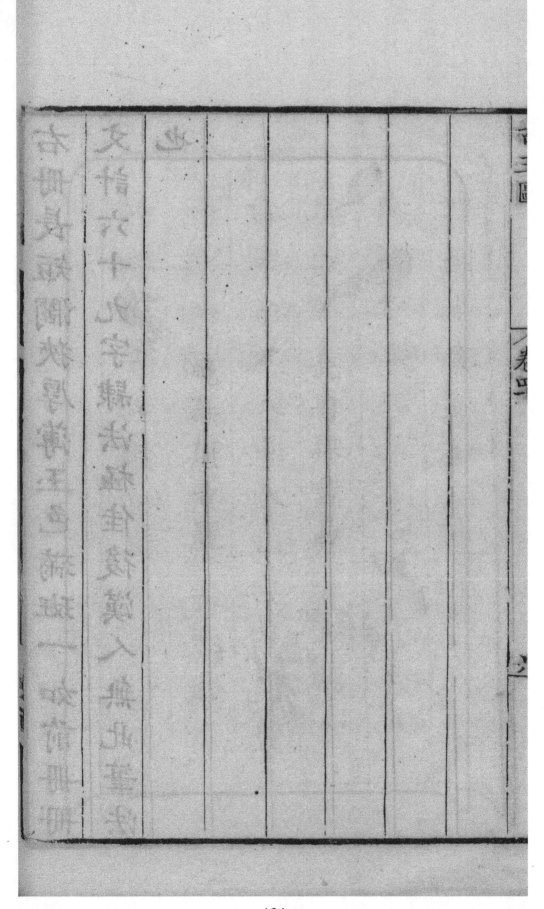

漢武帝填河告神玉冊 三 計四十六字

天眷乃敕司農出金司空調役
下淇園之竹以為楗沉嵩陽之
石以為基必使金堤永固玉海
安瀾
神惟肯靈
鑒臨不爽

此冊隸書易
曉無須音釋

右冊長短濶狹厚薄玉色璊斑隸文皆如前惟冊文四十六字耳其冊文古雅真有西京之風三冊共文一百八十六字

漢光武上高祖徽號玉冊 一計七十一字

漢室自高皇以降奕葉重光迨至孝平之世元始以來賊臣王莽篡竊神器皇綱解紐炎德陵遲國步維艱幾成淪胥上賴
天地
宗廟之靈流慶朕躬始以白水從戎繼發昆陽翦逆恭膺

此冊隸書易
曉無須音釋

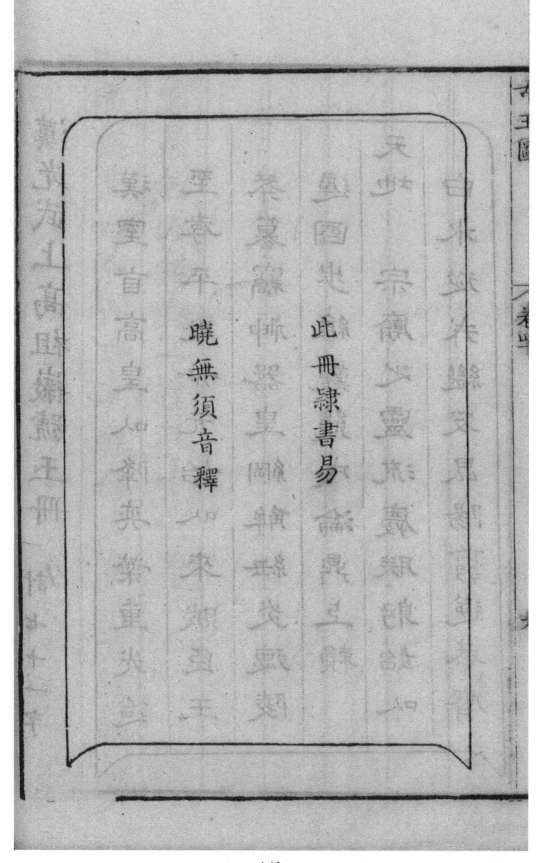

右冊長一尺二寸濶六寸八分厚五分四厘
玉色瑩白璊斑丹赤冊文七十一字漢隸書
筆法甚為遒勁非魏晉人所能者也

漢光武上高祖徽號玉冊 二計六十二字

天命仰受貞符遂從臣民之請爰稽司隸之儀謹以建武二秊三月上旬恭詣

高廟琴式几筵敬上嶶號白

聖祖高皇帝敉下杷府使聾天下

刋之玉冊以彰崇典

此冊隸書易曉無須音釋

右冊長短濶狹厚薄玉色璊斑隸法皆同前冊唯冊文六十二字連前冊共一百三十三字冊文古雅為東京文章冠冕

宋淳熙敕編古玉圖譜第四十冊終

古玉圖譜 八

宋淳熙敕編古玉圖譜第四十一册

漢玉鎮庫錢一

萬
長樂
年

右錢圍[illegible]一[illegible][illegible][illegible][illegible]蝦[illegible]
文四字曰長[illegible][illegible][illegible][illegible]臣[illegible][illegible]藏大
侍云內庫中有[illegible][illegible]一寸[illegible][illegible][illegible][illegible][illegible]半之
高八寸內藏諸種[illegible][illegible]或[illegible][illegible][illegible][illegible]標誌
其不考者[illegible]以[illegible][illegible][illegible]之[illegible][illegible][illegible][illegible][illegible]旁有
淳化年號蓋皇朝太[illegible]時[illegible][illegible]後[illegible]得者
歟

漢玉鎮庫錢二

无

萬壽

疆

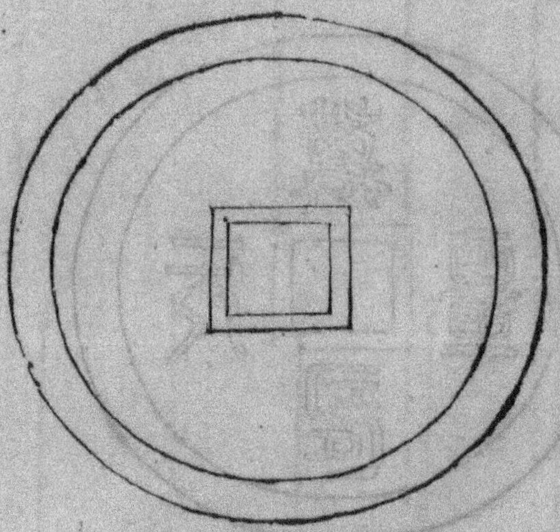

右錢圓徑五寸八分厚五分一厘玉色甘青
瑞斑毫無錢文四字曰萬壽無疆小篆文

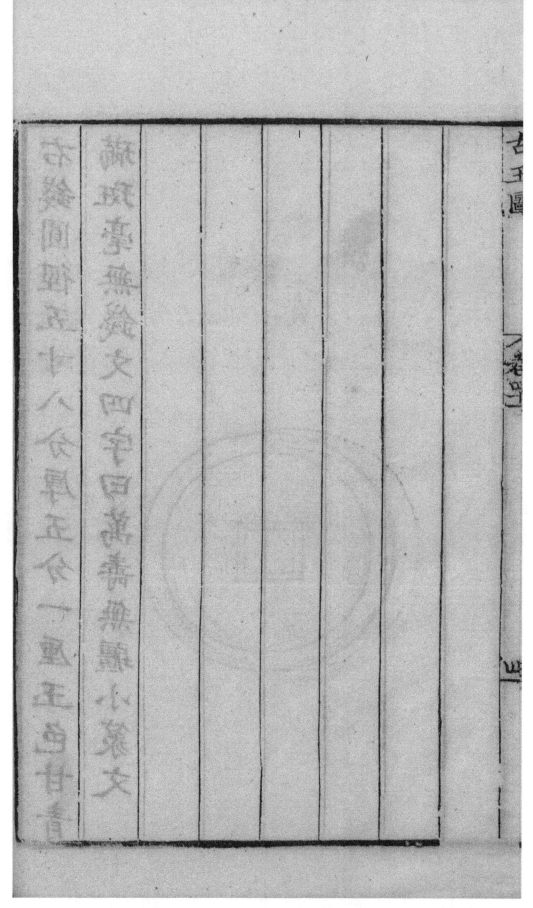

漢王鎮庫錢 一

國 ｜

太平

寶

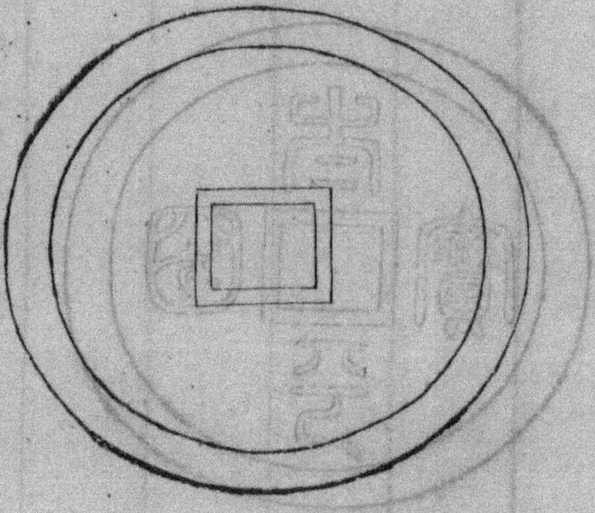

右錢圓徑六寸四分厚三分一厘玉色淡碧
無瑕錢文四字曰太平國寶小篆書

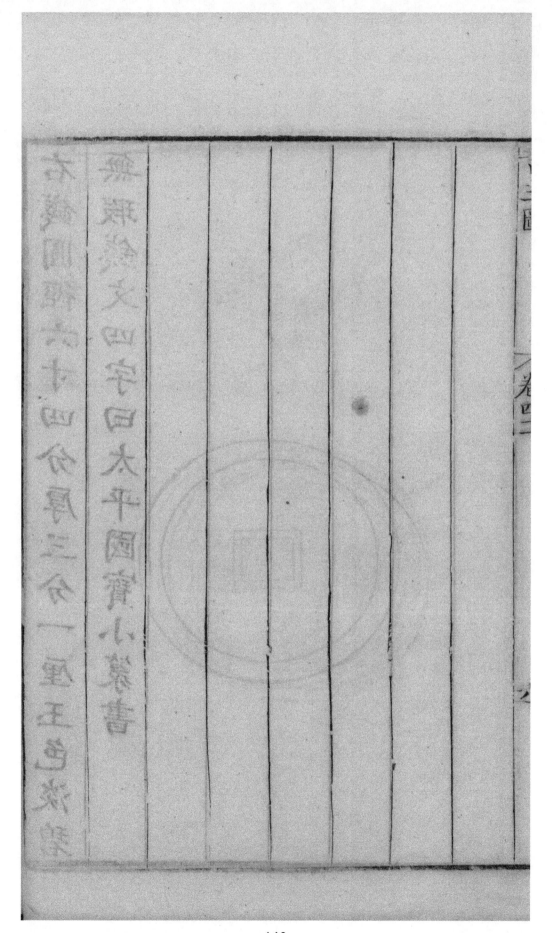

漢玉鎮庫錢 四

天

昌　永

祿

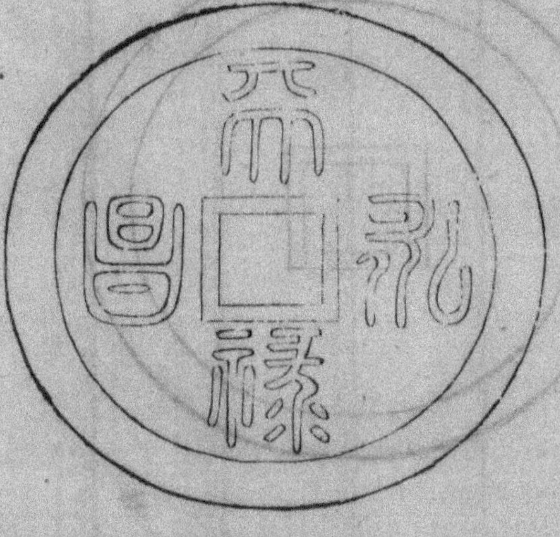

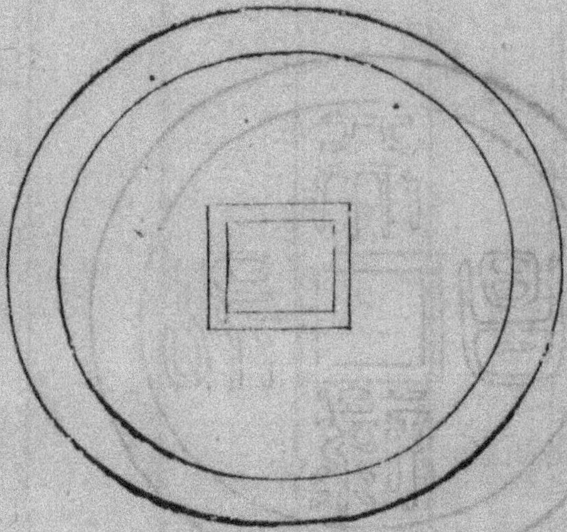

右錢圓徑五寸七分厚三分二厘玉色淡黃
無瑕錢文四字曰天祿永昌小篆文

漢玉鎮庫錢 五

千
萬
秋
歲

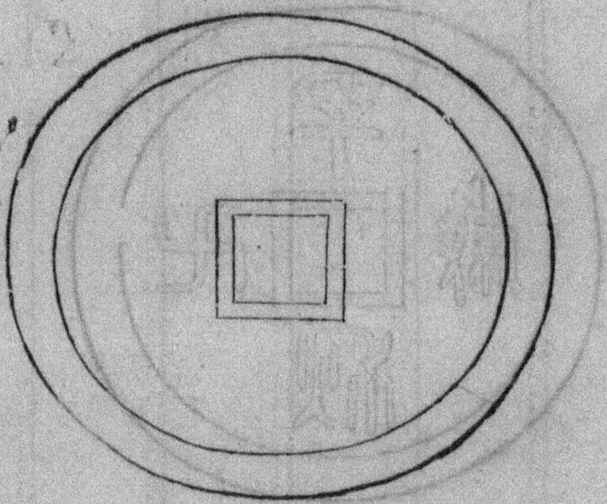

右錢圓徑六寸三分厚三分玉色甘黃無瑕

錢文四字曰千秋萬歲小篆文

錢文四字曰千秋萬歲小篆文

右錢圖徑六寸三分厚三分五厘甘黃無瑕

漢玉鎮庫錢 六

齊

洪

福

天

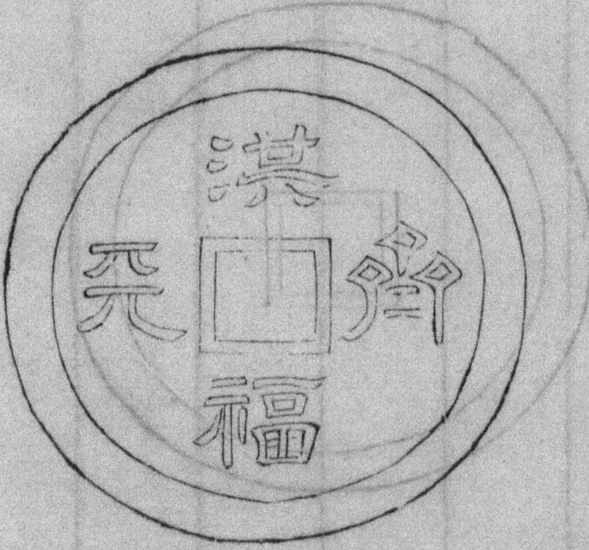

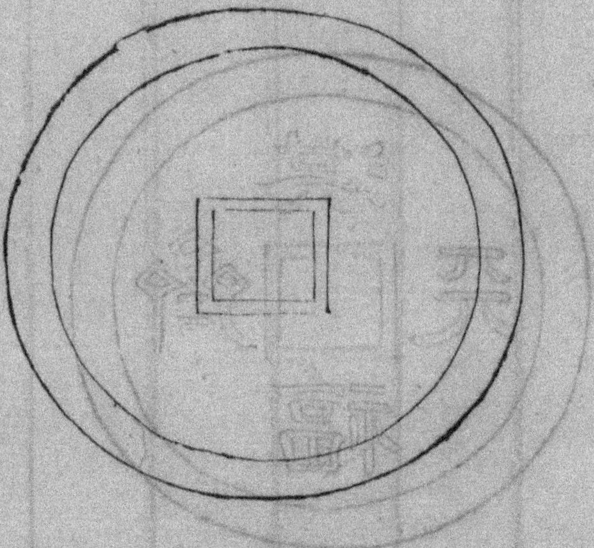

右錢圓徑六寸六分厚三分二厘玉色瑩白
微紅錢文四字曰洪福齊天漢隸書

宋淳熙敕編古玉圖譜第四十一冊 終

古玉鎮庫錢一

萬

鎮安

寶

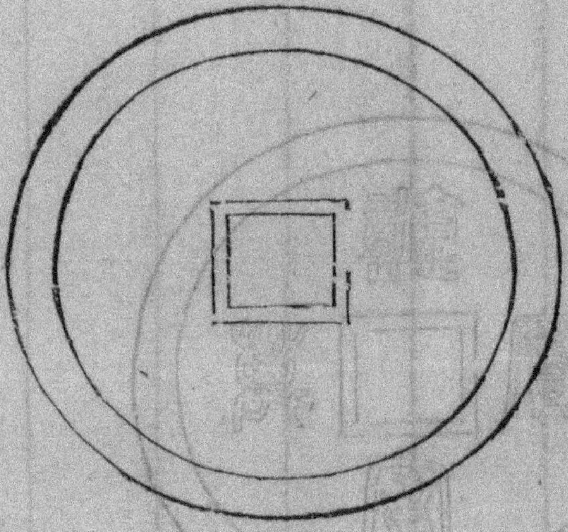

右錢圓徑六寸五分厚三分二厘玉色甘黃無瑕錢文四字曰鎮安萬寶小篆文此錢并下三錢不知何代但標誌上題以古玉云

古玉鎮庫錢 二 草書

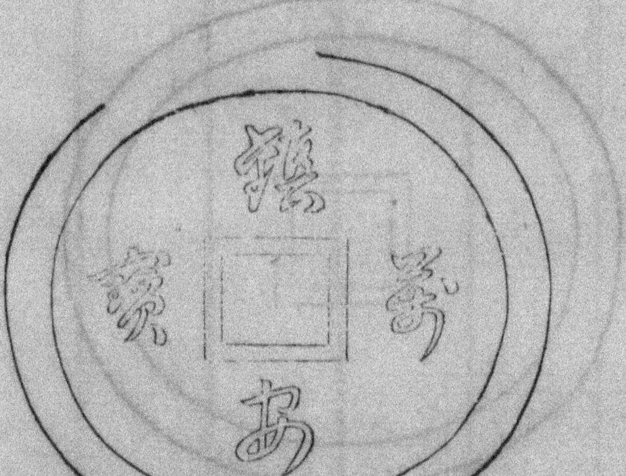

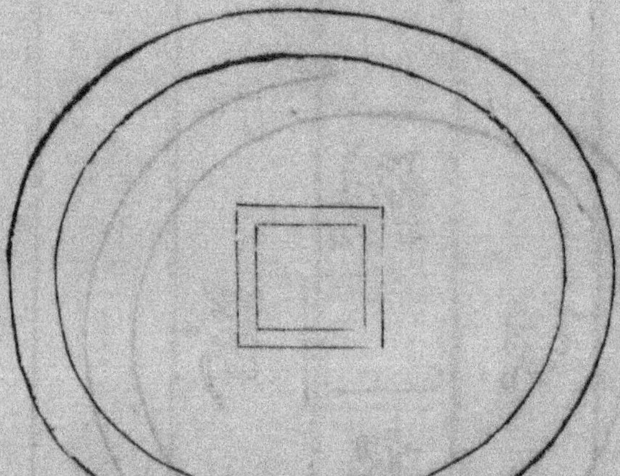

右錢圓徑六寸六分厚三分四厘玉色翠碧
無瑕錢文四字曰鎮安萬寶草書

無孔錢文四字曰鎮安萬寶草書

右錢圓徑六寸六分厚三分四釐王邑[illegible]

古玉鎮庫錢 三 隸書

無璢錢文四字曰鎮安為成隸書

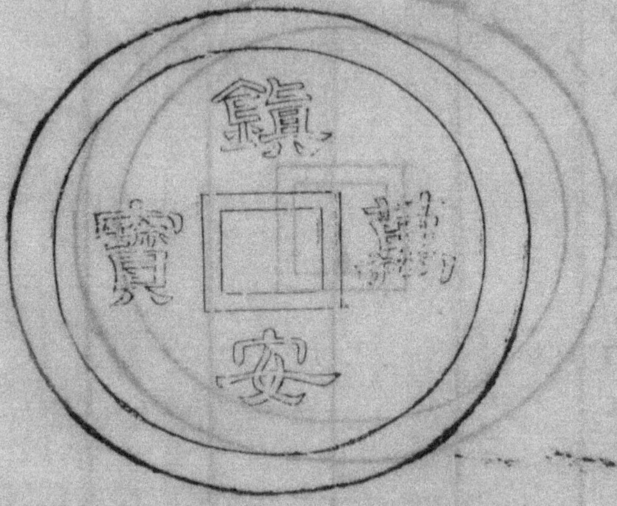

古玉鎮庫錢三　楷書

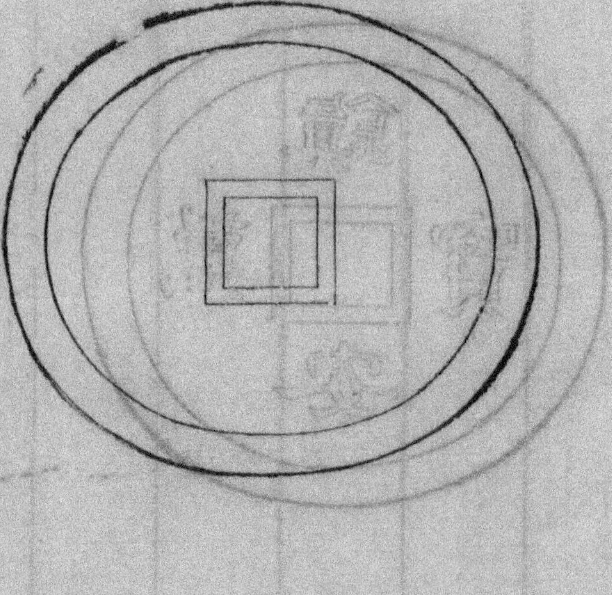

右錢圓徑六寸八分厚三分三厘玉色甘青無瑕錢文四字曰鎮安萬寶隸書

古玉鎮庫錢 四楷書

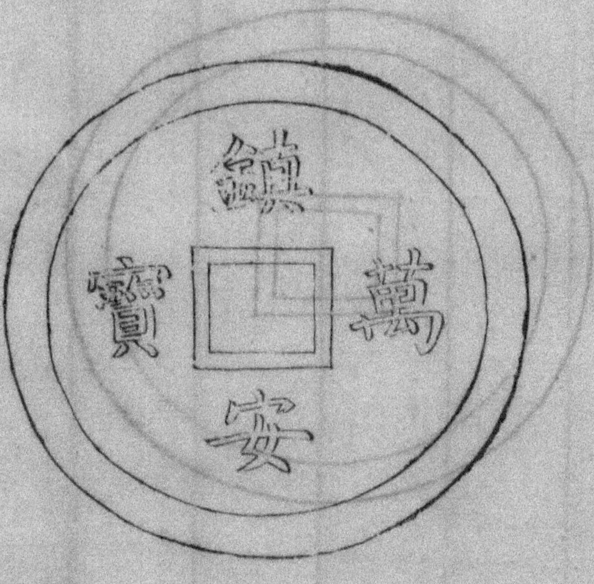

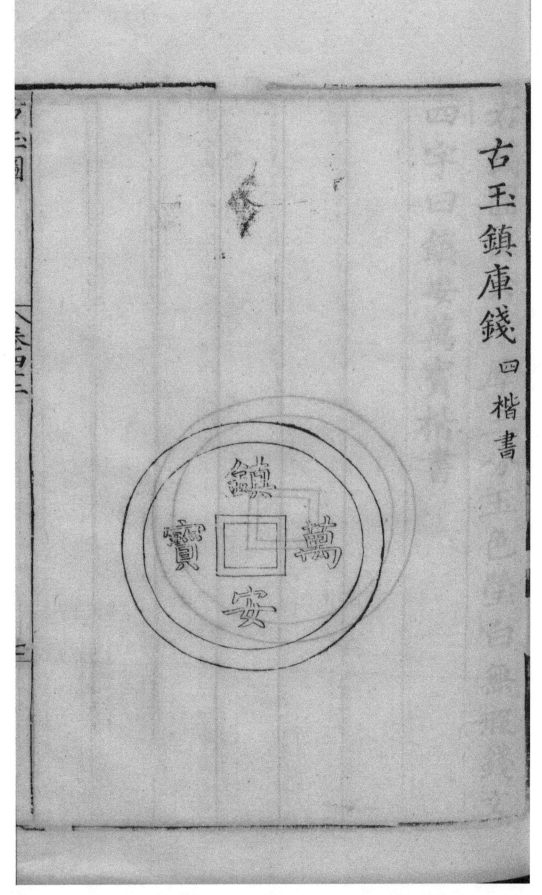

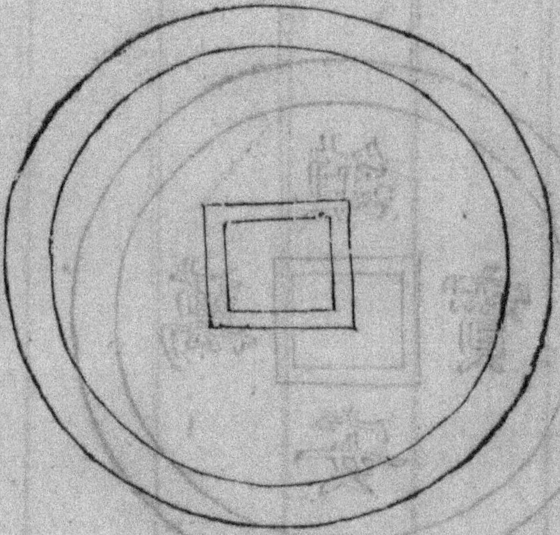

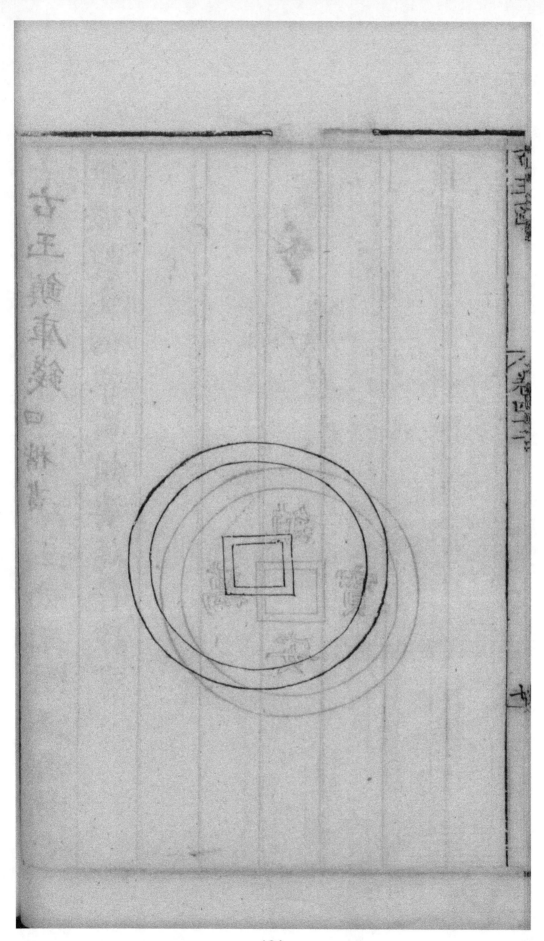

右錢圓徑六寸厚三分玉色瑩白無瑕錢文
四字曰鎮安萬寶楷書

四年曰縣令載資斛書

冷發圃野六十氣三公正面營自無殷發

唐玉鎮庫錢一

攷錢文四字曰萬歲通天錢有五

元錄云萬歲通天

此錢乃此所圖

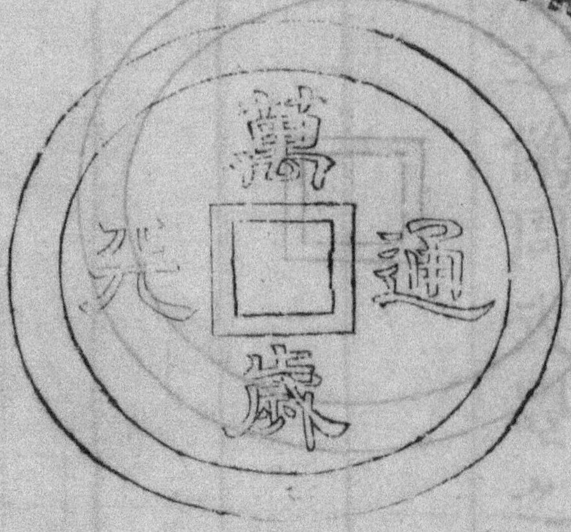

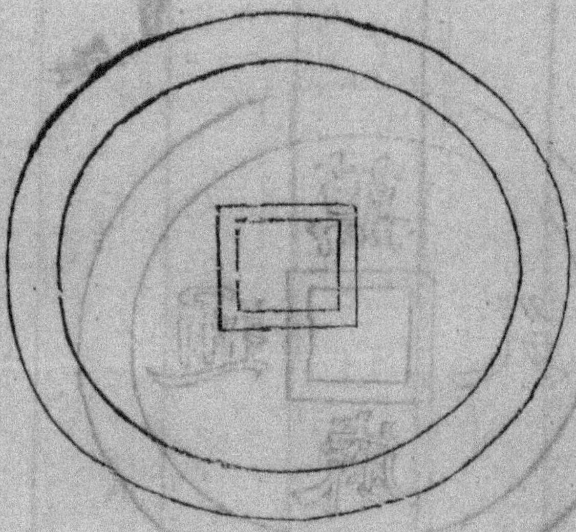

右錢圓徑七寸一分厚三分五厘玉色瑩白無瑕錢文四字曰萬歲通天隸書臣謹按紀元錄云萬歲通天唐之僞周武曌之紀年也此錢乃其所制歟

古玉鎮庫錢二

白錢文四字曰元亨利貞探志之上

玉義漢錢文為指

上

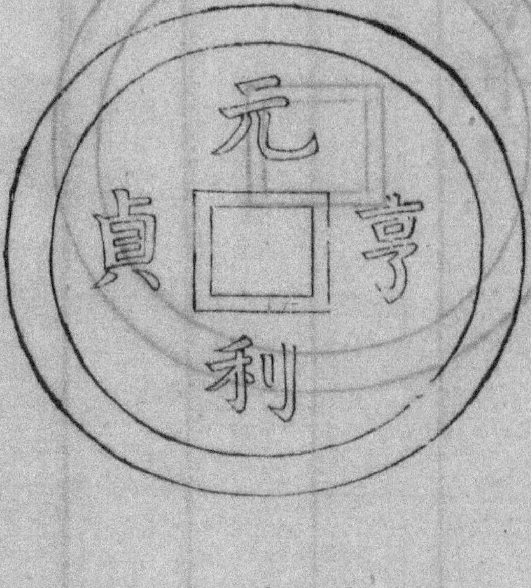

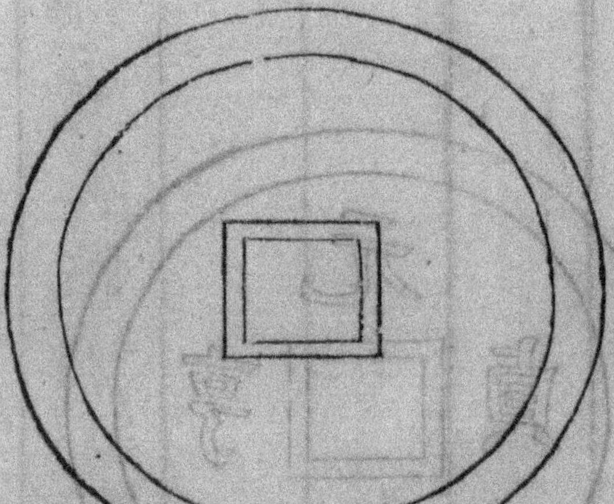

右錢圖徑六寸四分厚三分六厘玉色微青白錢文四字曰元亨利貞標誌之上題為唐玉或以錢文為楷書耳

宋淳熙敕編古玉圖譜第四十二冊 終

宋淳熙敕編古玉圖譜第四十三冊

古玉神龍壓勝錢

神龍鑿勝金錢

右玉軒龍圖鑿金

宋乾照東絡古玉圖譜卷四十三冊

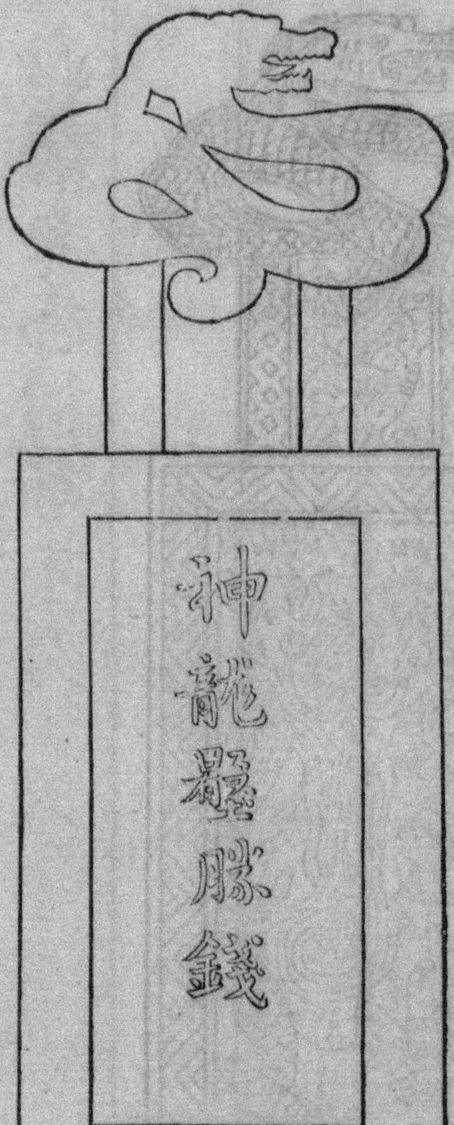

右錢長七寸二分濶二寸六分厚三分六厘
玉色瑩白瑞斑勻布錢鈕瑑刻龍形蜿蜒蟠
屈之象錢身瑑刻神人異鳥雲蛟螭等形華
縟可愛臣謹按七聖記云太上道君於中元
之日登九霄琳房為諸天衆敷演道法謂下
土人民多有水旱疾疫之灾乃敕玉晨尊君
賚持神龍壓勝玉錢二貯之寶匣留鎮名山
大川以除刼難云云此錢是也

大川以脩劫難云云此錢是也
寶持神龍靈勝王錢二品之寶匣留鎮名山
土人民多有水旱疾疫之災乃救士農育諸
之日發九霄琳房為諸天衆敷演道法普下
將可發臣謹按上聖記云太上道君於中元
風之象錢身環刻神人乘鳥遨遊擲等形準
玉色瑩白瑞璞勾有錢鈕環刻龍形琬琰瑞
右錢長七寸二分闊三寸六分厚三分六厘

古玉水靈壓勝錢

水靈鑒勝錢

右錢長短濶狹厚薄悉如前錢玉色甘青無瑕錢鈕瑑刻神人乘龜錢郭周刻水波星宿之象錢身瑑刻水靈鎮守熒惑潛消八字觀其制作瑑刻工雅必唐已前物也

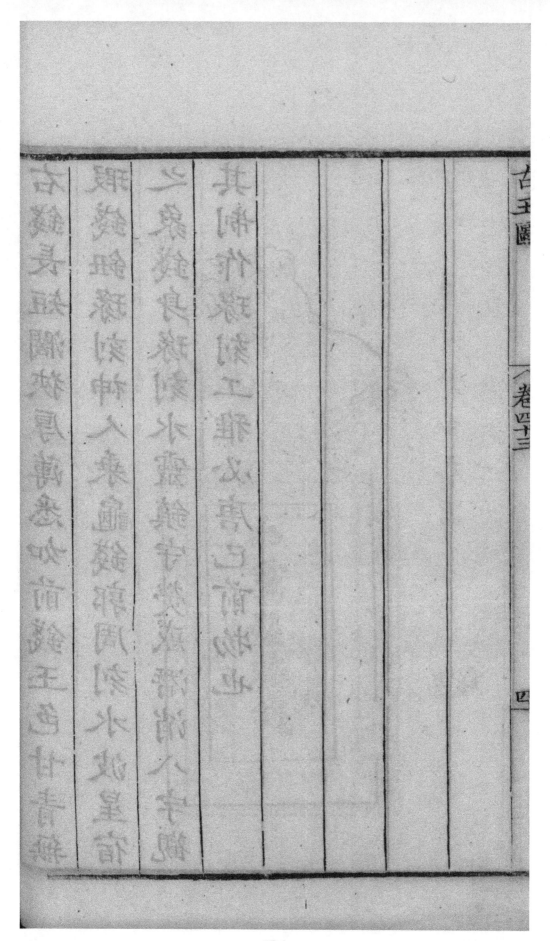

古玉九府壓勝錢刀一計八字

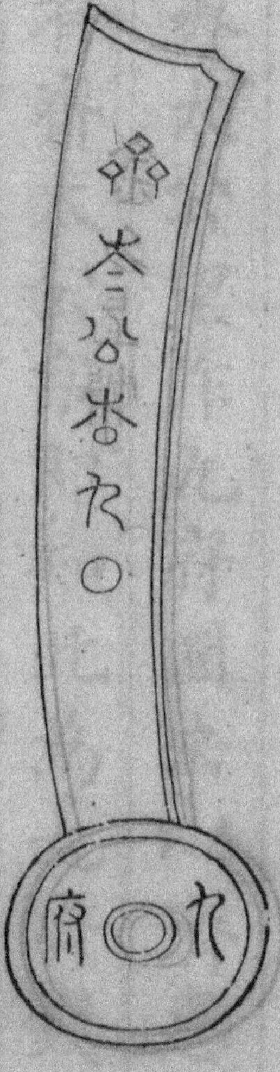

齊太公杏九圜

九府

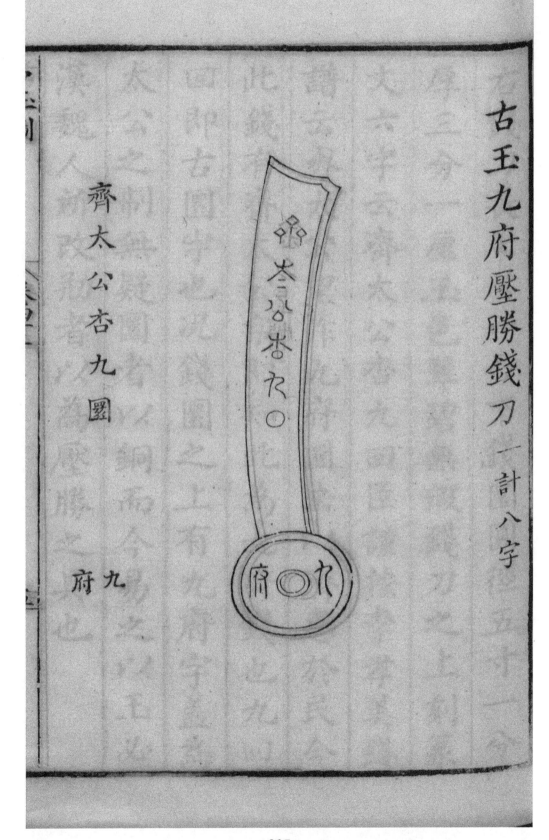

右錢刀長七寸一分下錢圜圓徑五寸一分厚三分一厘玉色翠碧無瑕錢刀之上刻篆文六字云齊太公杏九回臣謹按李孝美錢譜云齊太公望作九府圜法以濟惠於民今此錢有齊太公字即知此為九府錢也九回回即古圜字也況錢圜之上有九府字盖為太公之制無疑圜者以銅而今易之以玉必漢魏人所改剏者以為壓勝之具也

漢魏人所改物者以為厭勝之具也
太公之制無疑圖者以銅為今易之以玉為
回印古圖字也況錢圓之上有九府字蓋
此錢有齊太公字即知此為九府錢也九以
譜云齊太公望作九府圜法以濟惠於民今
文六字云齊太公九回臣謹按李孝美錢
譜厚三分一厘王色翠碧無瑕錢刀之上刻篆
右錢刀長七寸一分下錢圜圓徑五寸一分

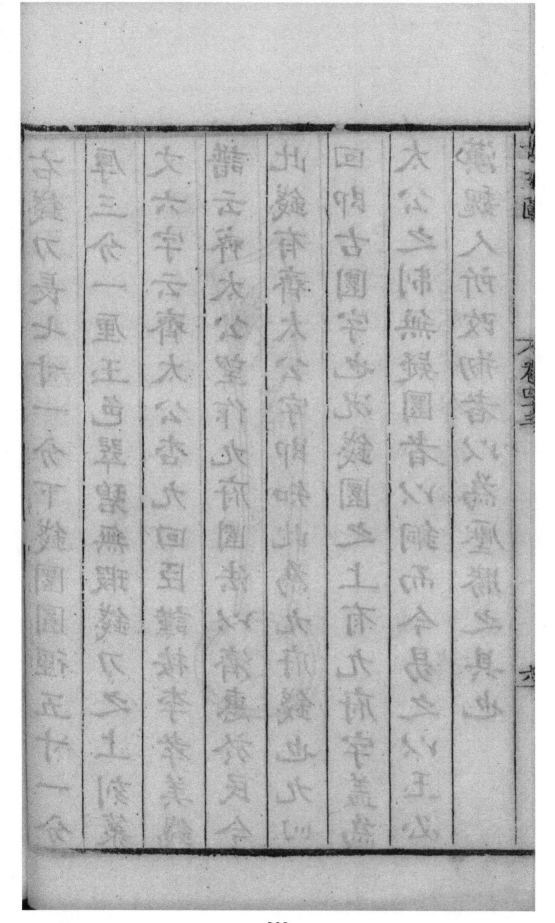

古玉九府壓勝錢刀 二計六字

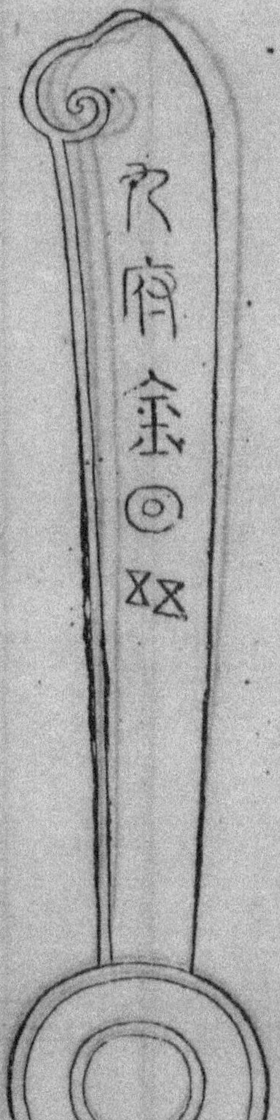

九府金圜 五 五

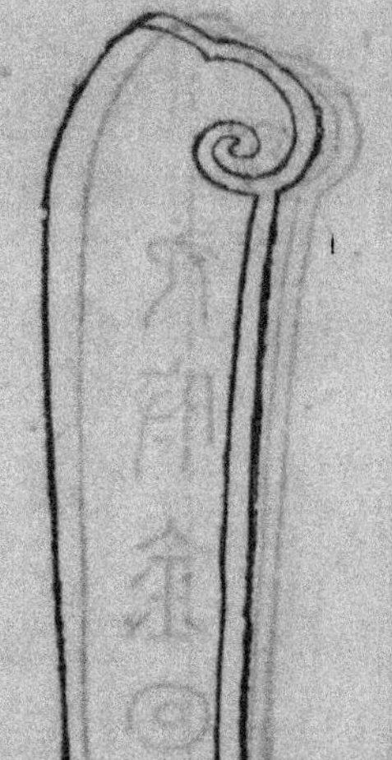

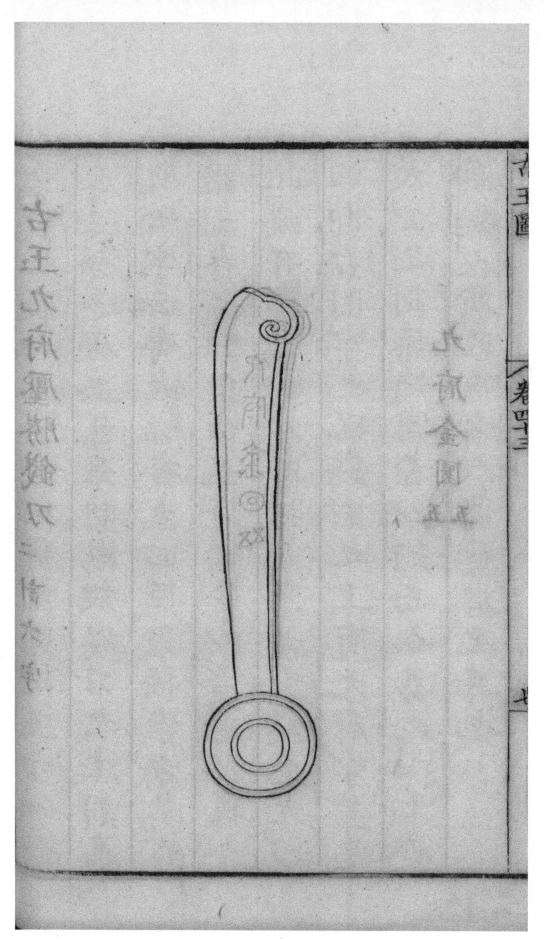

右錢刀長六寸七分錢圜圓徑四寸三分厚三分七厘玉色甘黃無瑕錢刀之上瑑刻九府金回五五六篆字

銀金回瓦尊六篆字

二合小重王〇廿黃無邪鐙氏以土鐙慎氏

右鐙氏身六七廿合鐙圜圓鈴四十三合氣

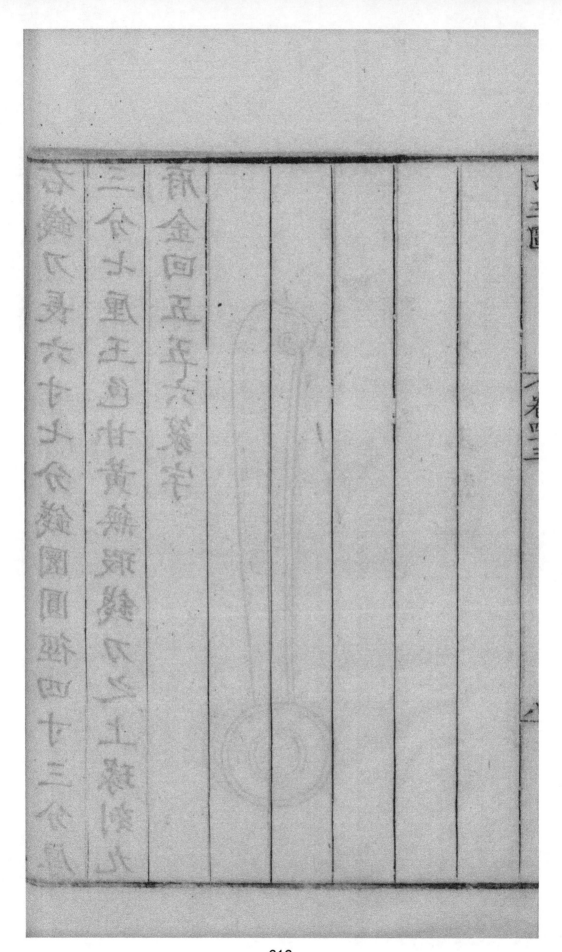

古玉九府壓勝錢刀 三 計四字

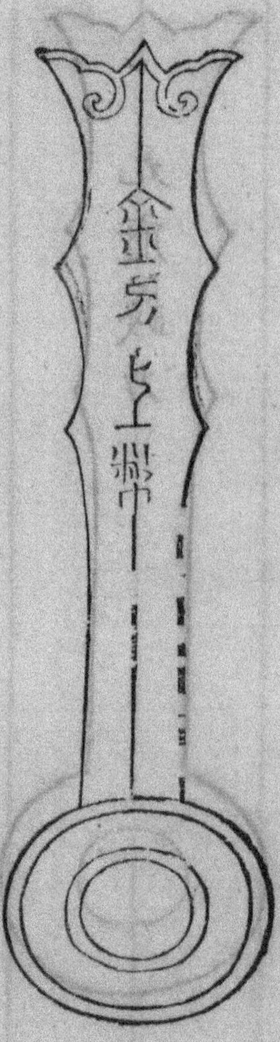

金刃上幣

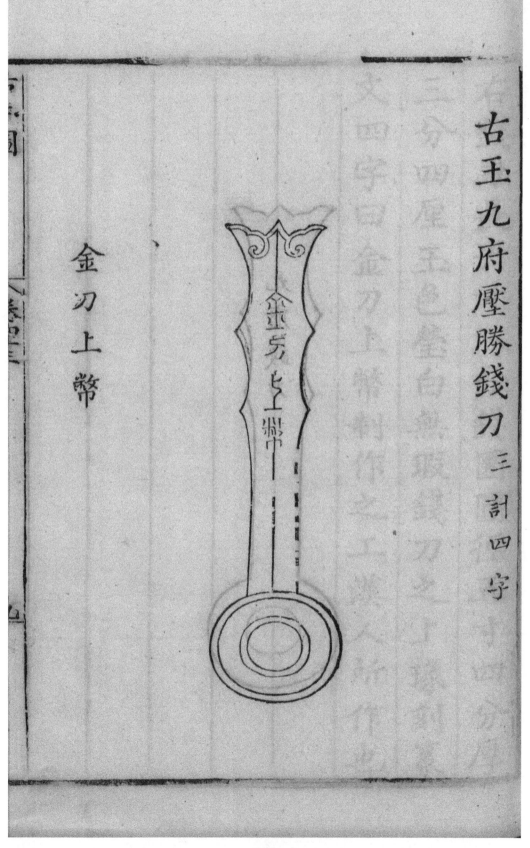

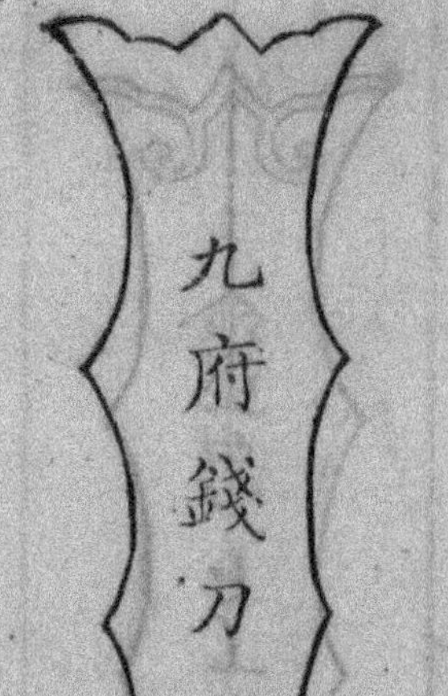
九府錢刀

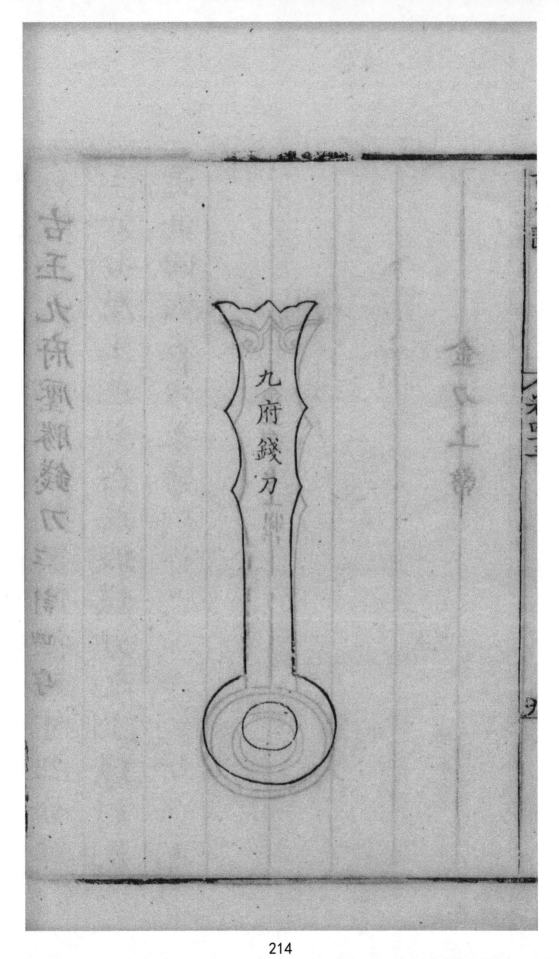

右錢刀長六寸八分分錢圜圓徑五寸四分厚三分四厘玉色瑩白無瑕錢刀之上瑑刻篆文四字曰金刀上幣制作之工漢人所作也

古玉九府壓勝錢刀 四 計二字

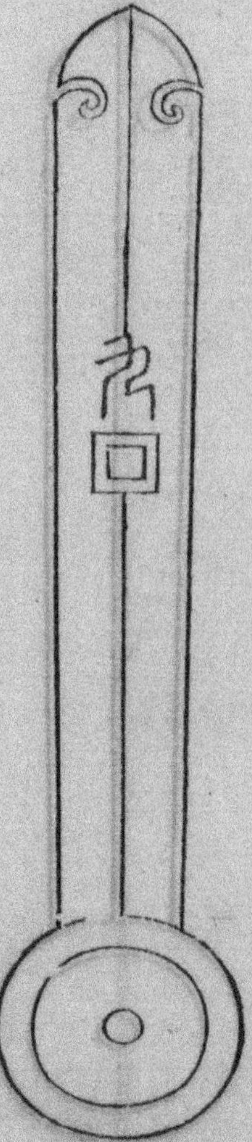

九圜

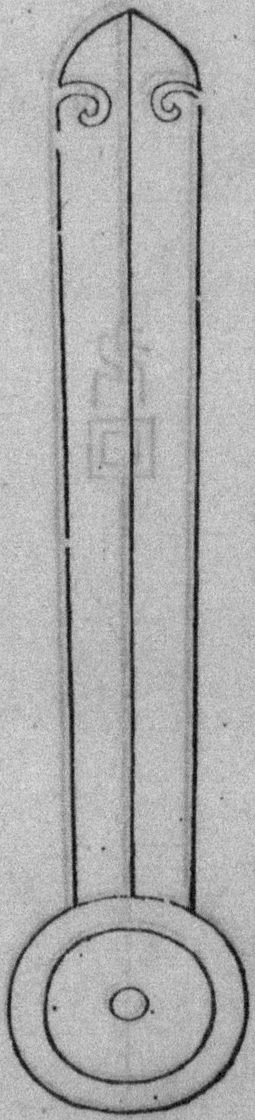

右錢刀長六寸四分錢圜圓徑四寸一分厚三分二厘玉色甘青無瑕錢刀之上瑑刻九回二篆字制作精工漢魏間物也

宋湻熙敕編古玉圖譜第四十三冊 終

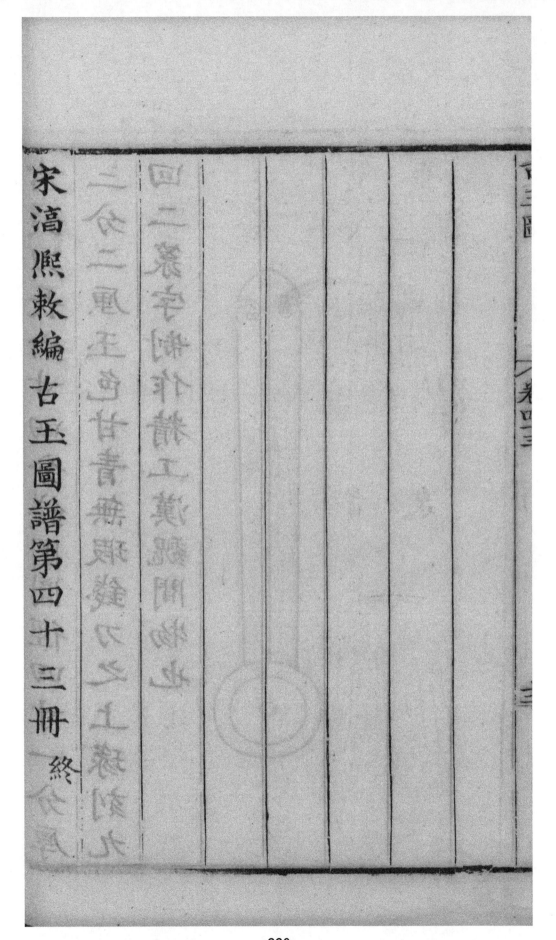

宋淳熙敕編古玉圖譜第四十四冊

古玉貨布錢

貨布

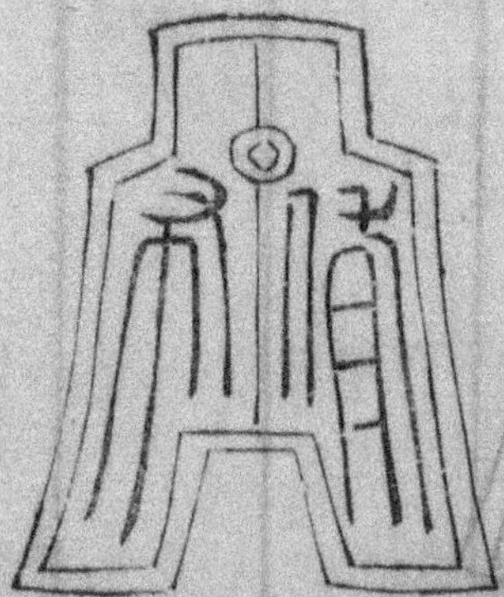

古玉貨泉錢

貨泉

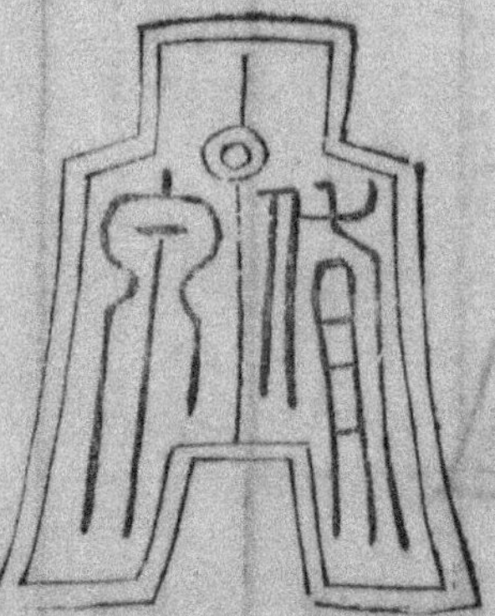

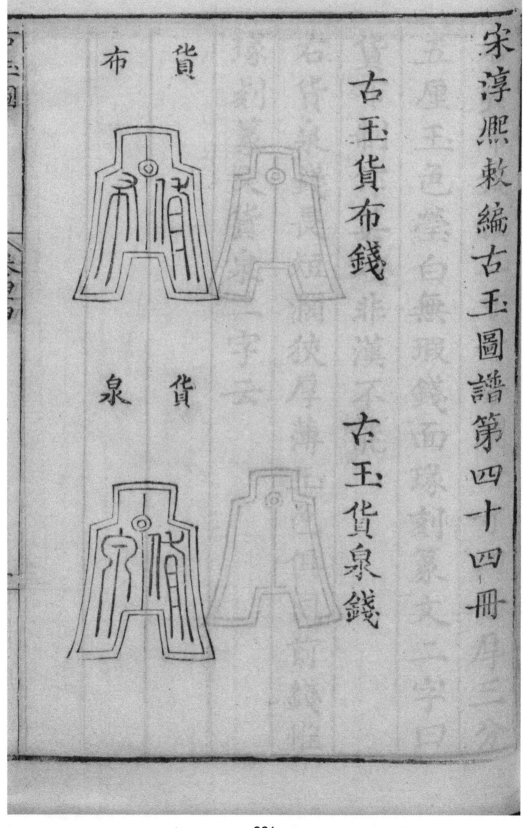

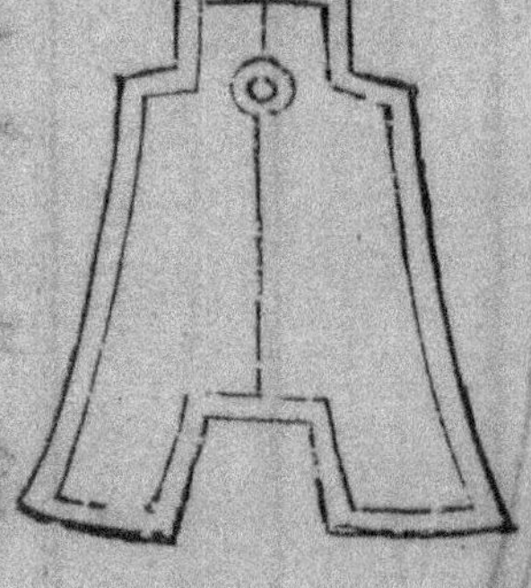

右貨布錢長二寸一分濶一寸四分厚三分
五厘玉色瑩白無瑕錢面琢刻篆文二字曰
貨布制作美妙非漢不能
右貨泉錢長短濶狹厚薄玉色俱同前錢惟
琢刻篆文貨泉二字云

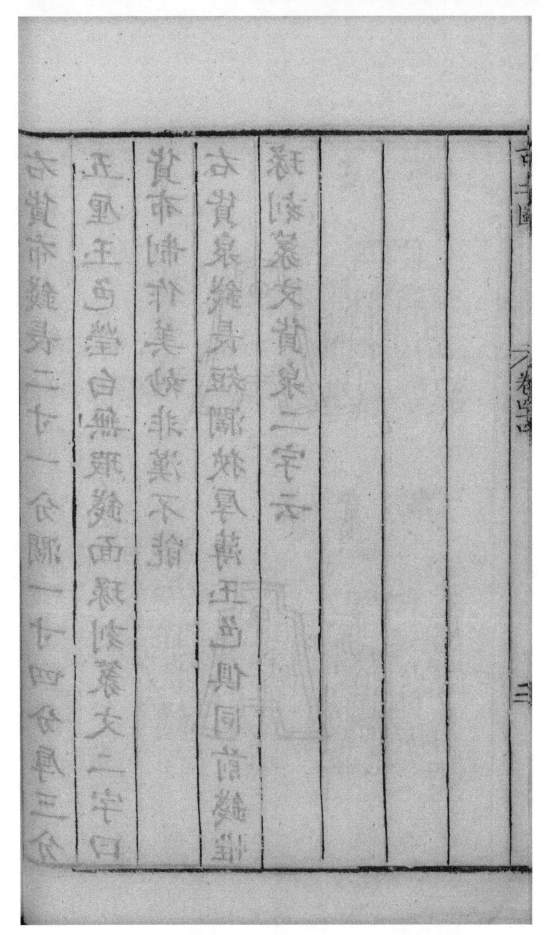

古玉泉布錢

泉布

古玉泉貨錢

泉貨

布泉

貨泉

右錢長二寸三分濶一寸四分厚三分一厘玉色翠碧無瑕錢面琢刻二篆書曰泉布篆文奇古非漢人不能

右泉貨錢長短濶厚玉色如前面上琢刻篆文二字曰泉貨二錢皆一時物也

文二宅曰泉花二鍮皆一都些也

古泉共幾身缺爛阜王曰以前西土錢後錢

父古非鍮入不拾

王曰車鍮無調鍮面錢後二墓書曰泉市錢

古鍮身二女三公鍮一女四公學三女一風

漢玉壓勝五銖錢

五 銖

漢玉雙柱五銖錢

五 銖

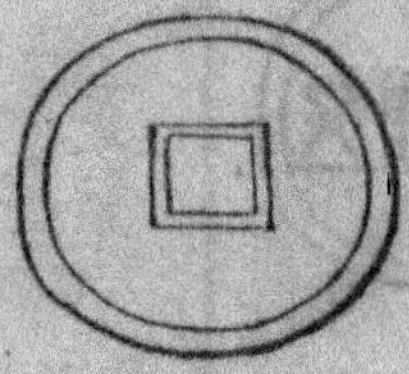

右錢圜徑三寸二分厚三分一厘玉色甘黃無瑕錢文篆書二字曰五銖臣謹按泉志云五銖漢錢也以其錢圜重可五銖故云此錢暨下雙柱五銖大泉五十等皆倣漢制者也

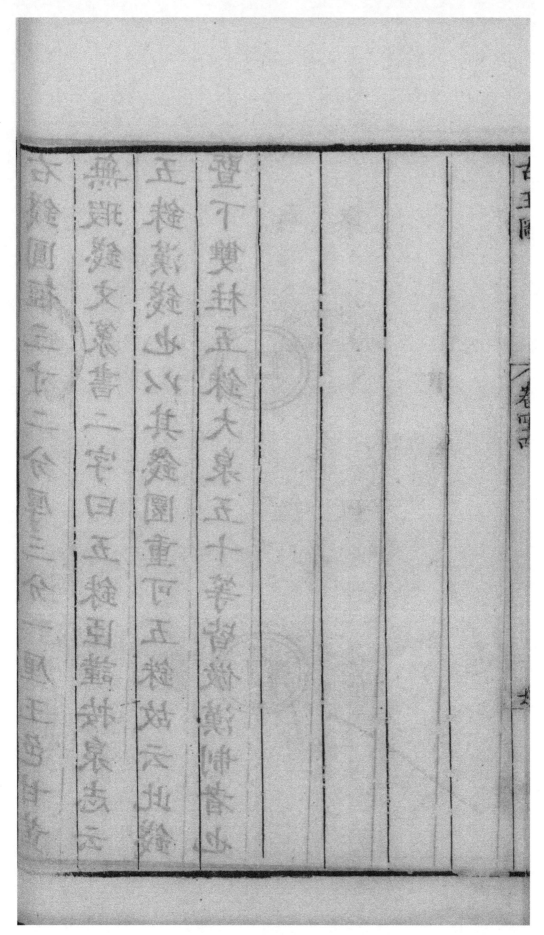

漢玉壓勝貨泉錢

貨泉

漢玉大泉五十錢

大泉五十

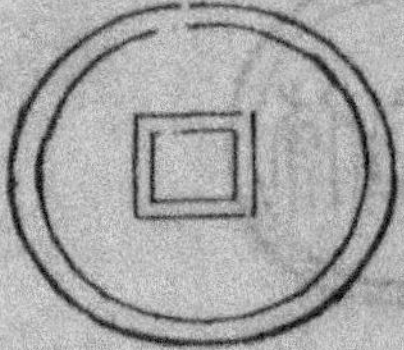

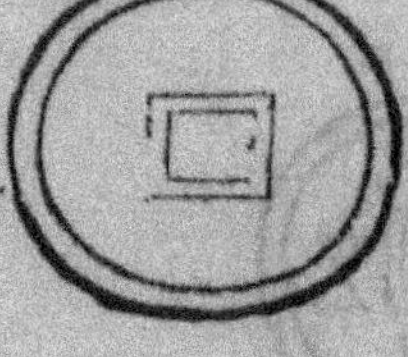

右貨錢圓徑三寸二分厚三分一厘玉色翠碧無瑕錢文篆書二字曰貨泉倣漢制也

右大泉圓徑大小厚薄如前錢文四字曰大泉五十亦倣漢制也

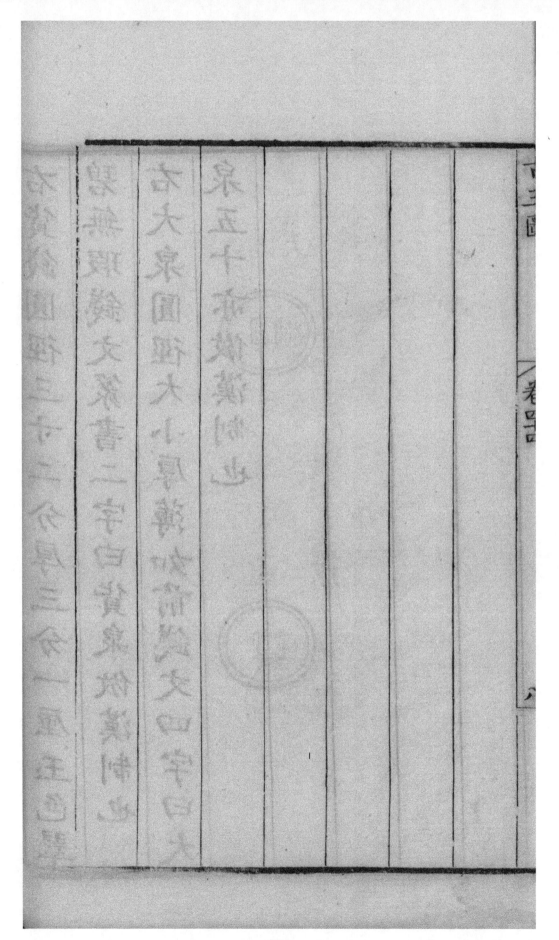

漢玉大泉直百錢

大 直 百 泉

漢玉明月錢

明 月

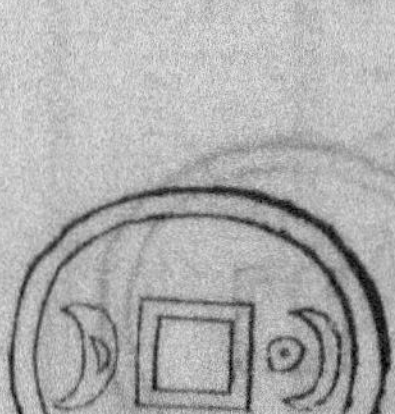

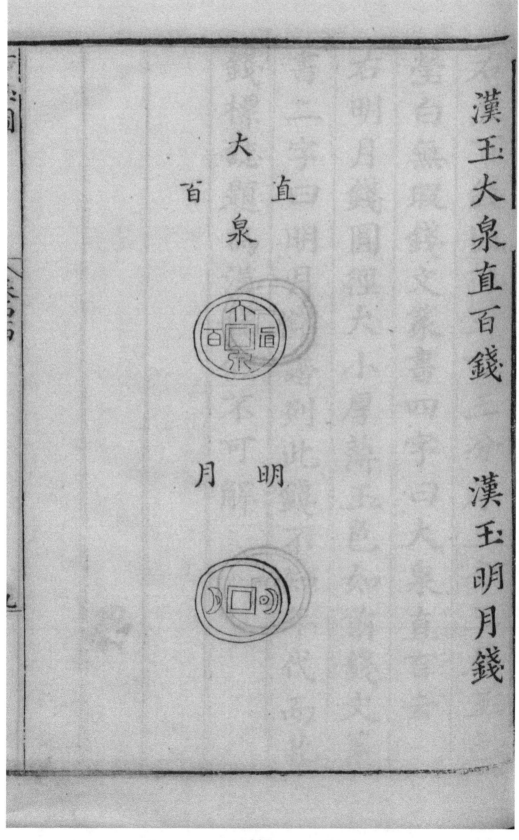

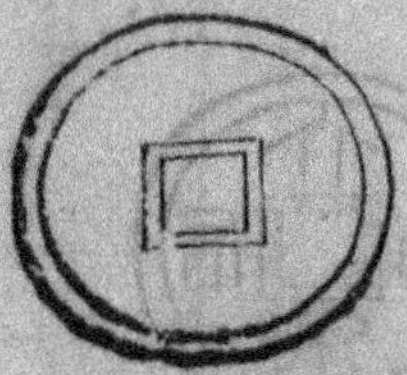

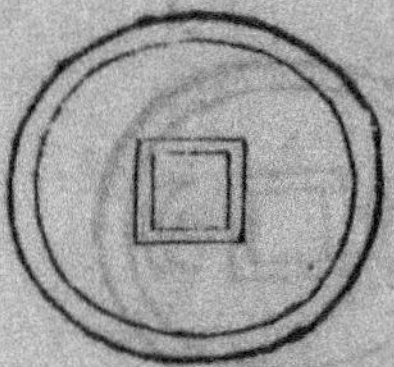

右直百錢圓徑三寸三分厚三分三厘玉色瑩白無瑕錢文篆書四字曰大泉直百云

右明月錢圓徑大小厚薄玉色如前錢文篆書二字曰明月錢譜列此錢不知年代而此錢標誌題為漢錢似不可解

錢標誌題爲漢錢作不可解
書二字曰明月錢列此錢不知年代而泥
右明月錢圓徑大小厚薄王色如前錢文篆
鑒白無環錢文篆書四字曰大泉直百五
右直百錢圓徑三寸三分厚三分三重王古

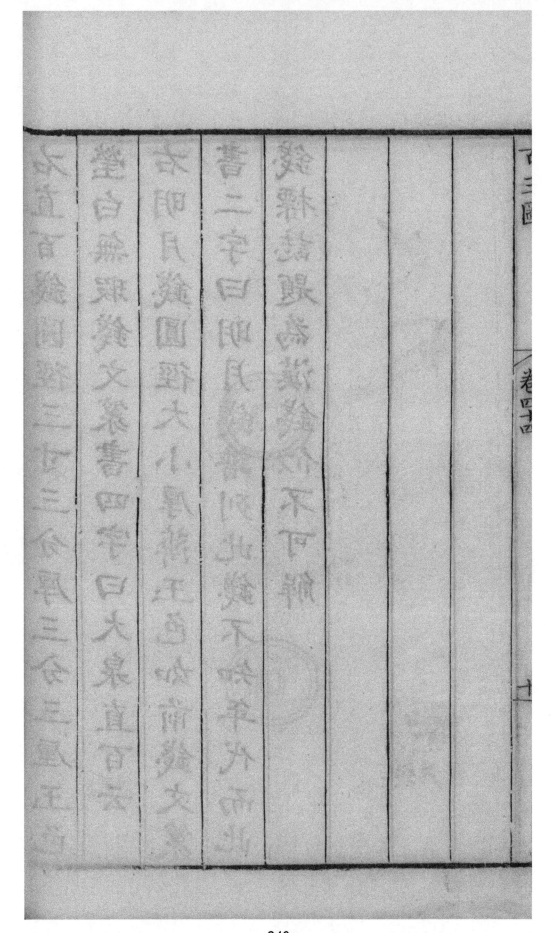

漢玉壓勝藕心錢 無銘

右形如初褊不摶而有孔可以分其形如初褊不摶而有孔可

鄭玉壓勝藕心錢二無論

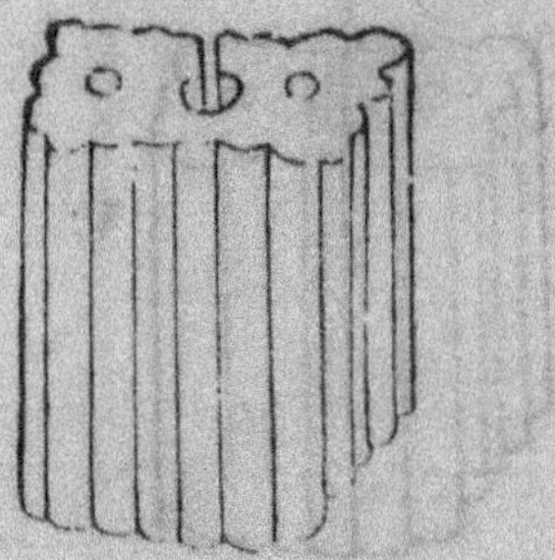

漢玉壓勝藕心錢 二 無銘

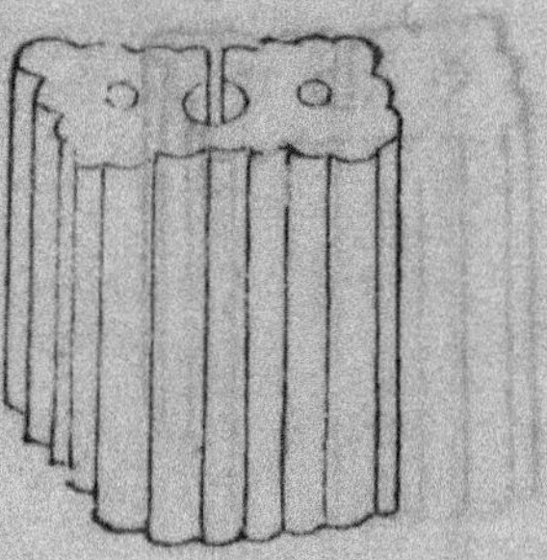

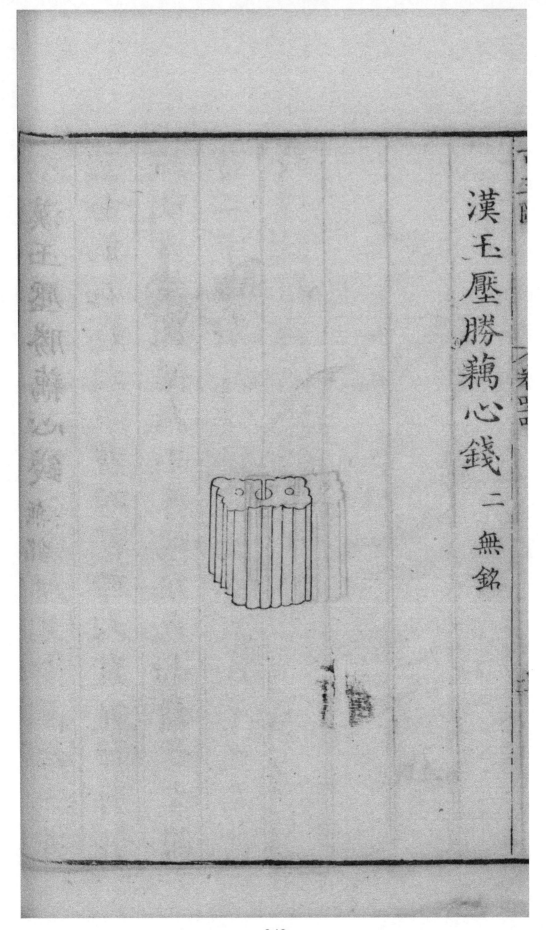

右藕心錢長二寸四分方一寸六分厚一寸二分形如切藕中空有孔可以貫繩四周俱無文字玉色碧無瑕又一錢大小制度皆同

無文字玉当系無眼又一發大小博夐皆同

二分深啮叶藤中空本小下以貫輪四周用

宋淳熙敕編古玉圖譜第四十四冊 終

宋淳熙敕編古玉圖譜第四十五冊

古玉公主撒帳錢一銘五字

古鎮大小厚薄凡六而帳玉公主出白色黑文

五字曰長命富貴天福

古玉公主鄉鄉驗二驗五字

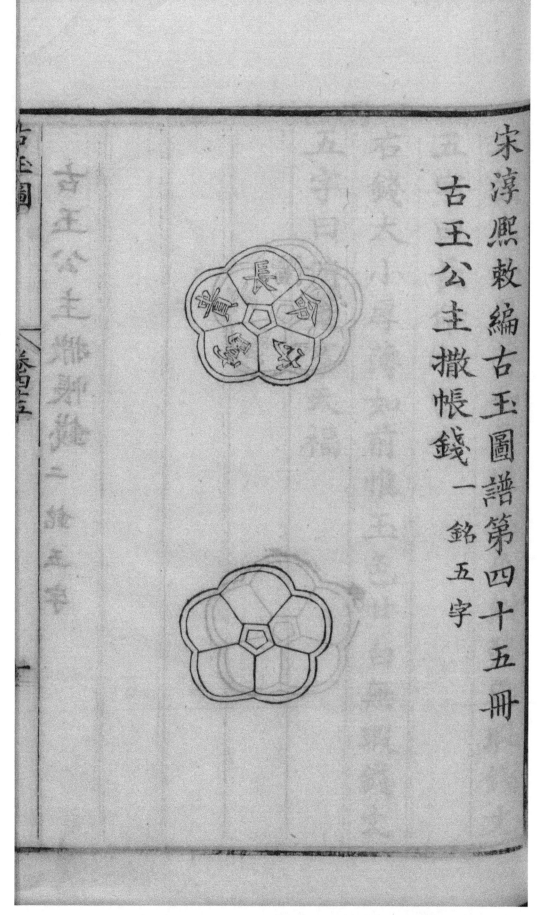

古玉公主撒帳錢二　銘五字

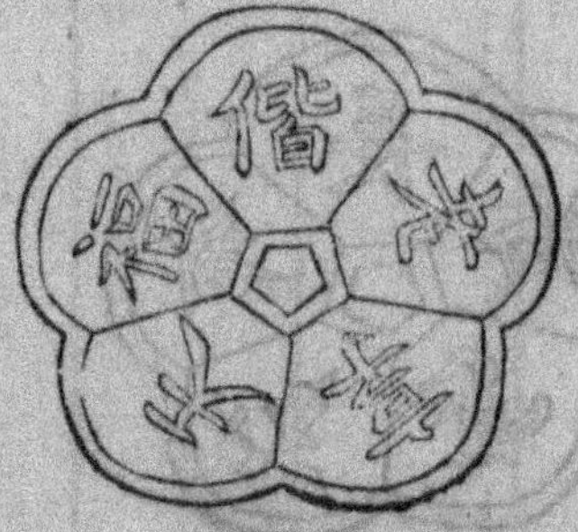

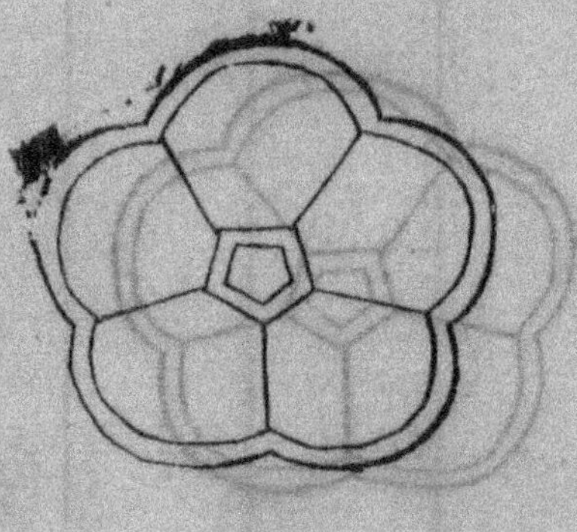

右錢大小厚薄如前惟玉色紺碧無瑕錢文

五字曰長命守富貴

右錢大小厚薄如前惟玉色甘白無瑕錢文

五字曰偕老享天福

古王公主滿[illegible]

五字曰偕老享天福

右錢大小厚薄如前准玉色甘白無瑕鏇文

五字曰長命守富貴

右錢大小厚薄如前准玉色紺碧無瑕鏇文

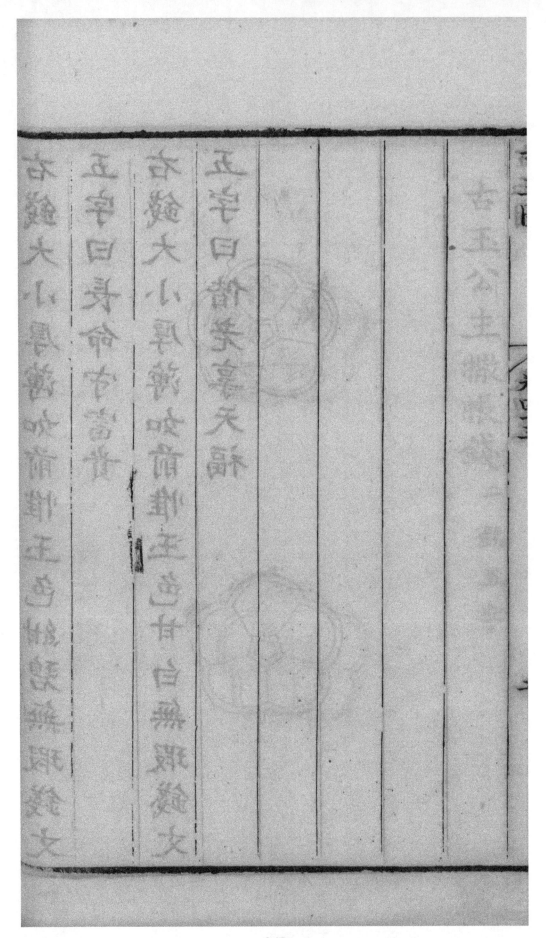

古玉公主撒帳錢 三銘五字

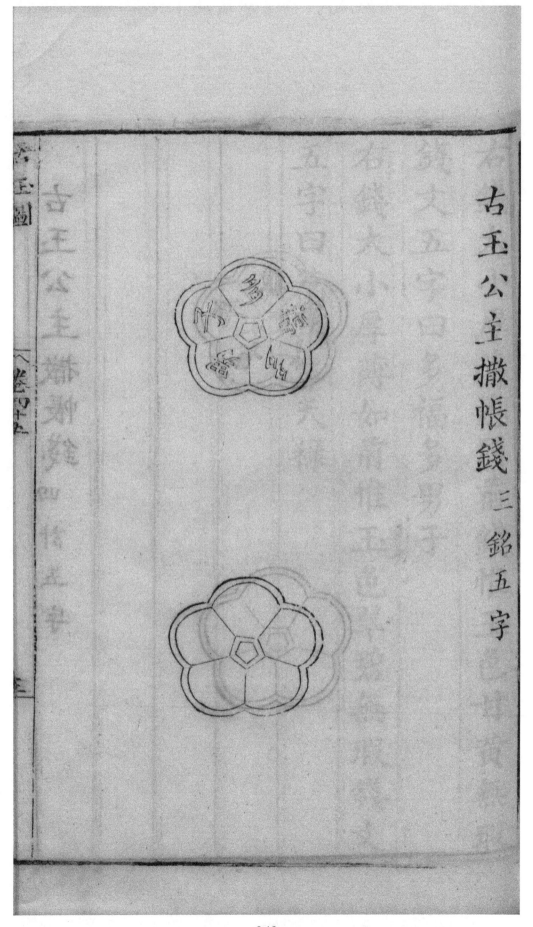

古玉公主撒帳錢 四 計五字

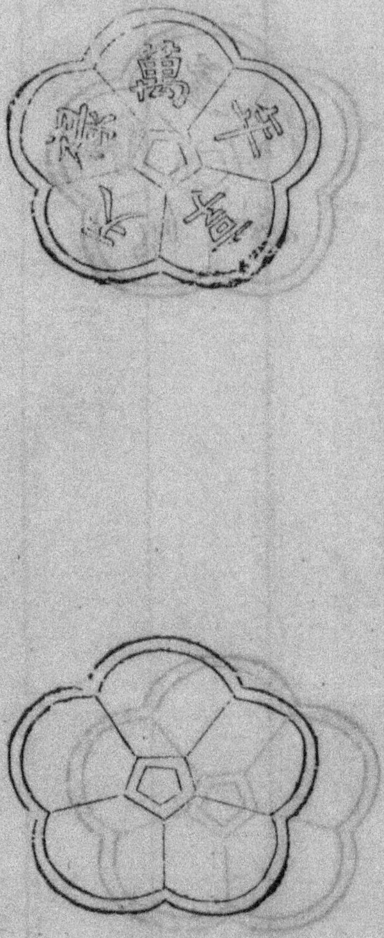

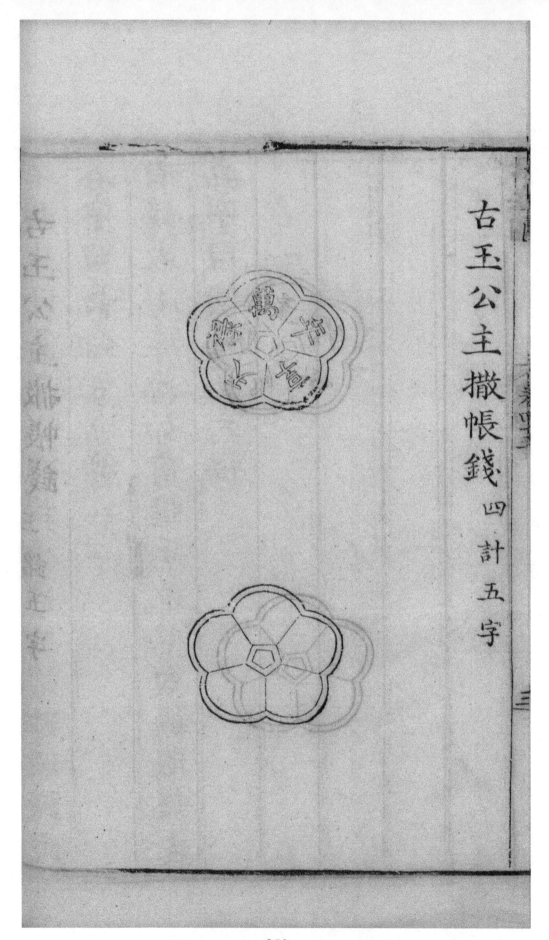

右錢大小厚薄悉同前錢惟玉色甘黄無瑕錢文五字曰多福多男子

右錢大小厚薄如前惟玉色翠碧無瑕錢文五字曰萬年享天禄

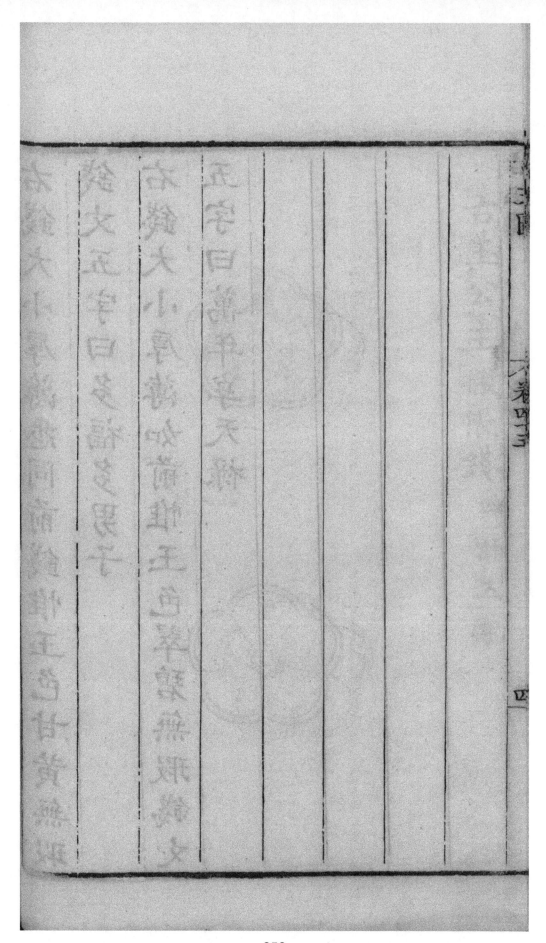

古玉公主撒帳錢 五 計五字

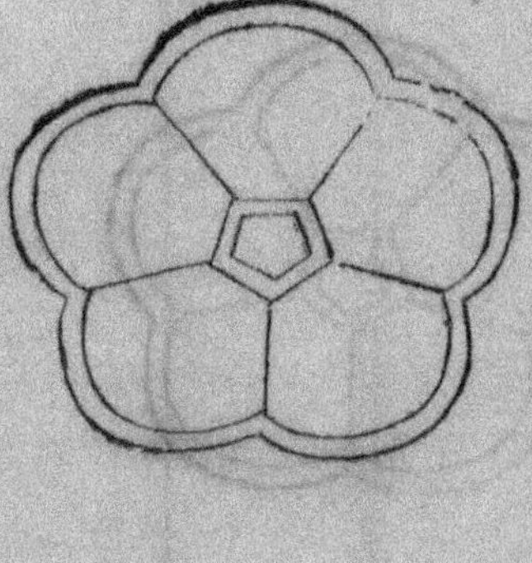

古玉公主撒帳錢 六 計五字

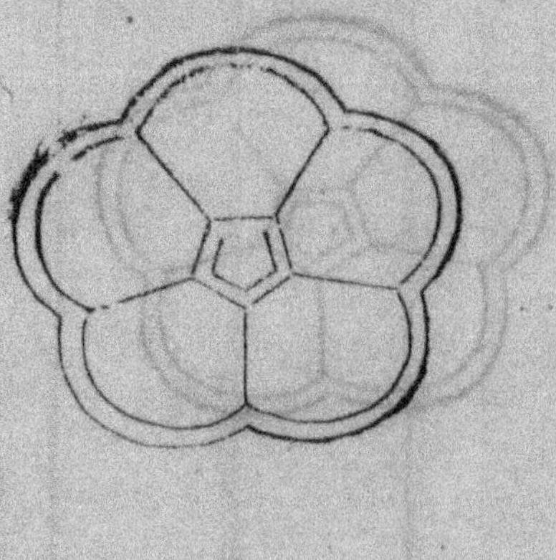

右錢大小厚薄悉同前錢玉色甘青無瑕錢
文五字曰福祿同山海
右錢大小厚薄悉如前惟玉色微紅無瑕錢
文五字曰壽算共天長

父正宅曰壽某共天夫

古發大小民載參咏面坤正白城珀無珊後

文正辛白酥祚新同山哉

古發大小飲載參同前㣺五曰甘青無珊後

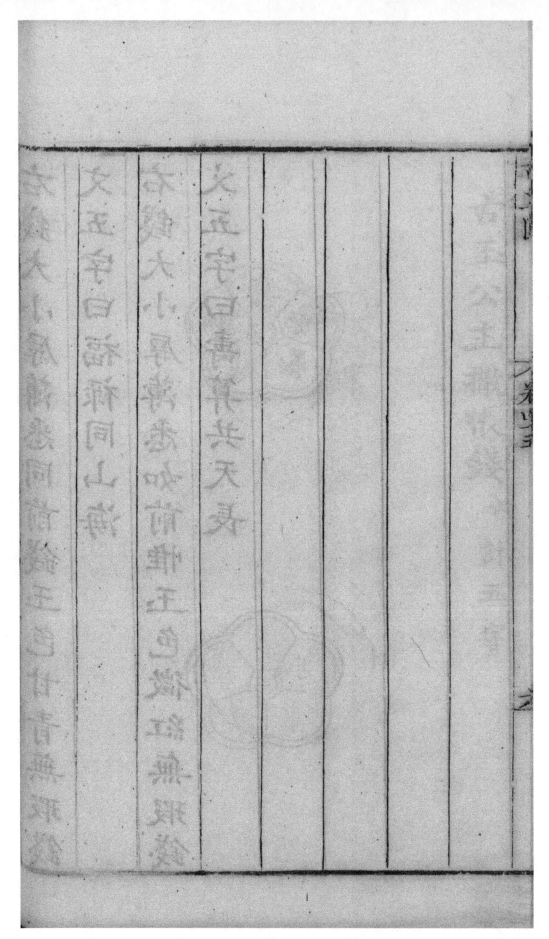

古玉洗兒錢一 銘四字

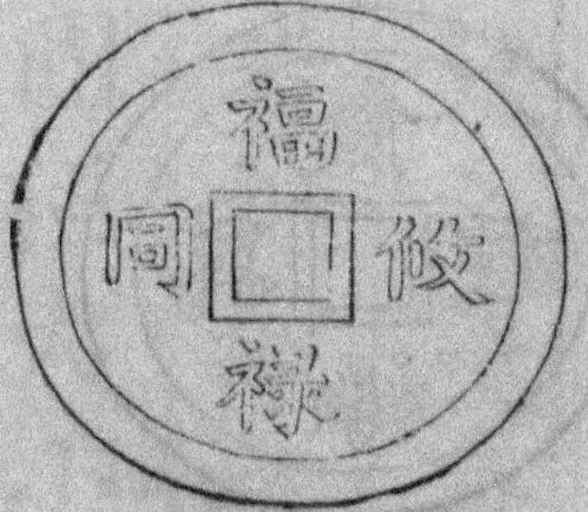

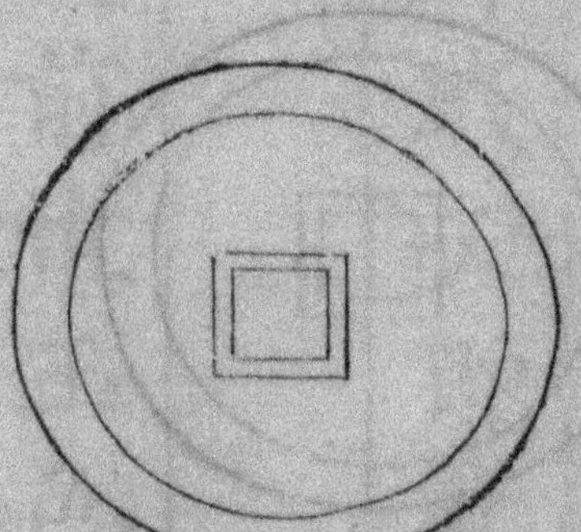

古玉洗兒錢 二 銘四字

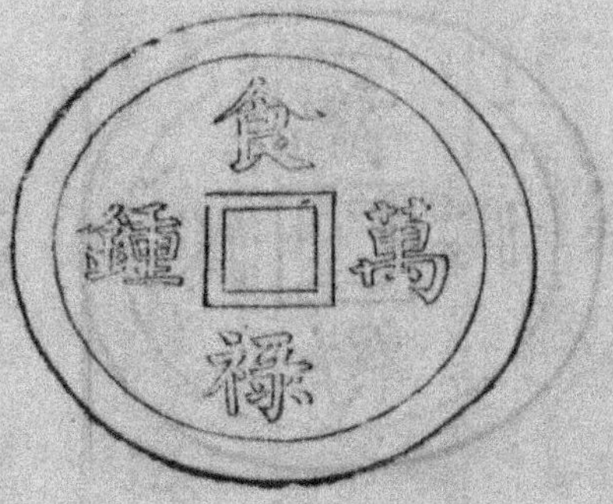

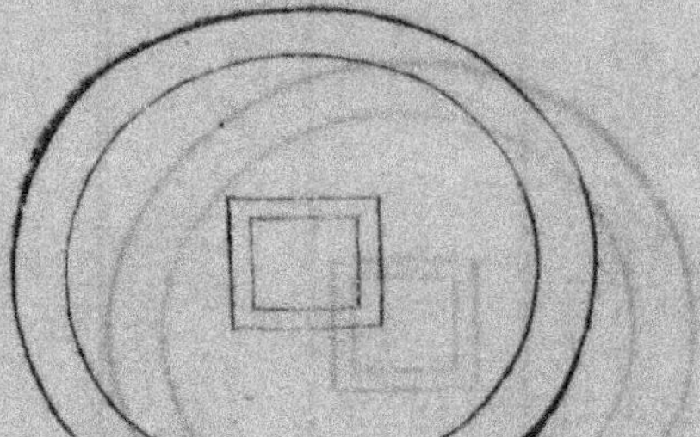

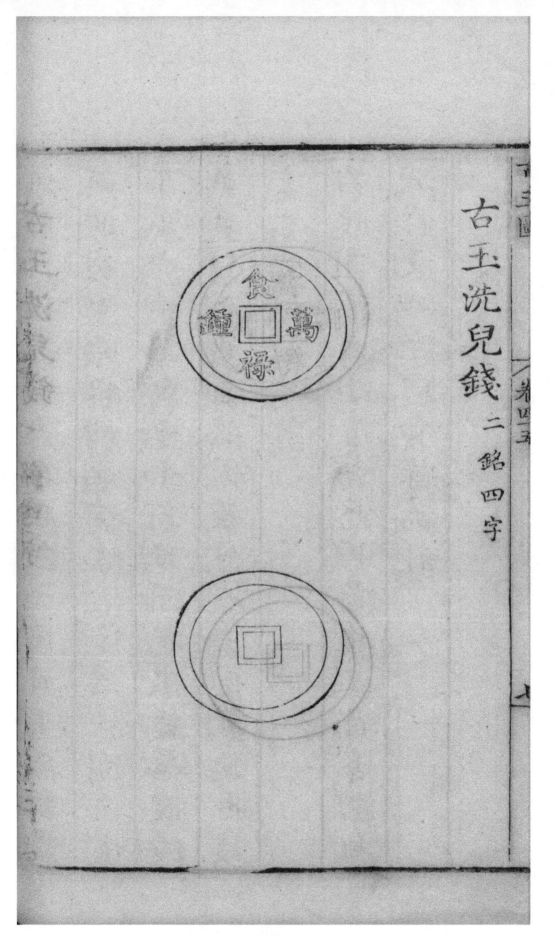

右錢圓徑六寸六分厚三分五厘玉色甘青無瑕錢文四字曰福祿攸同臣謹按開元遺事唐宮中每皇子生三日則賜玉錢犀菓以為洗兒之慶每賜近臣外戚云即此錢也錢文亦皆祝嘏之辭

右錢圓徑大小厚薄悉同前惟玉色翠碧無瑕錢文四字曰食祿萬鍾

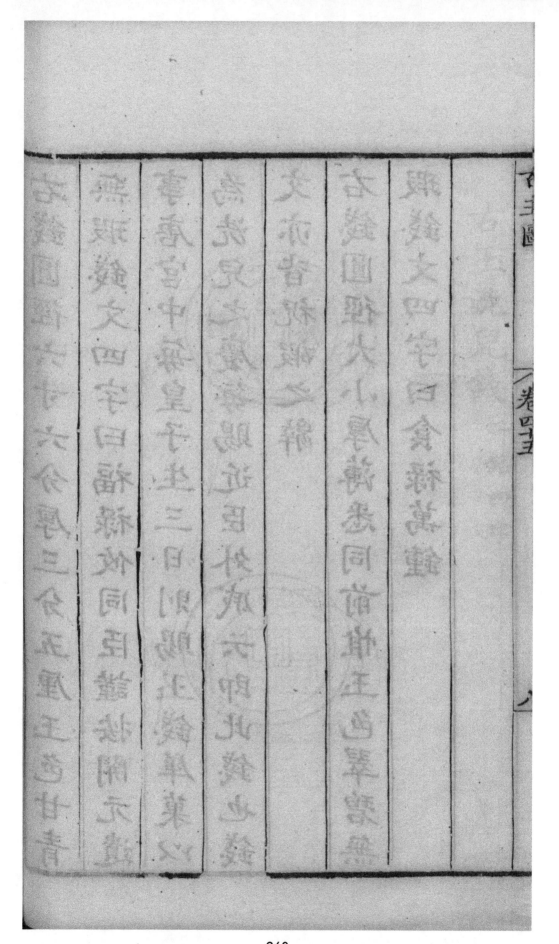

古玉洗兒錢 三 銘四字

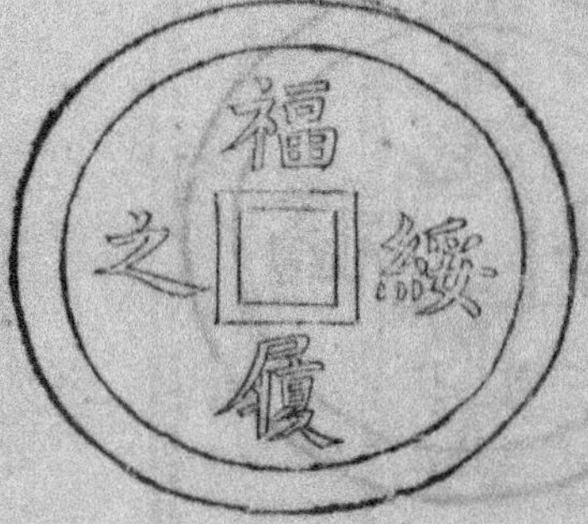

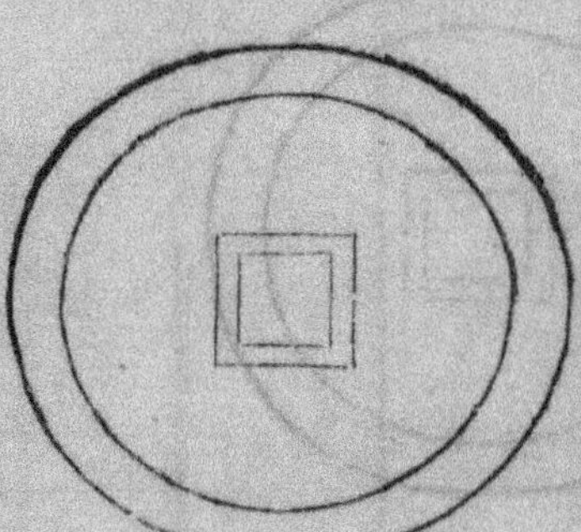

古玉洗兒錢 四 計四字

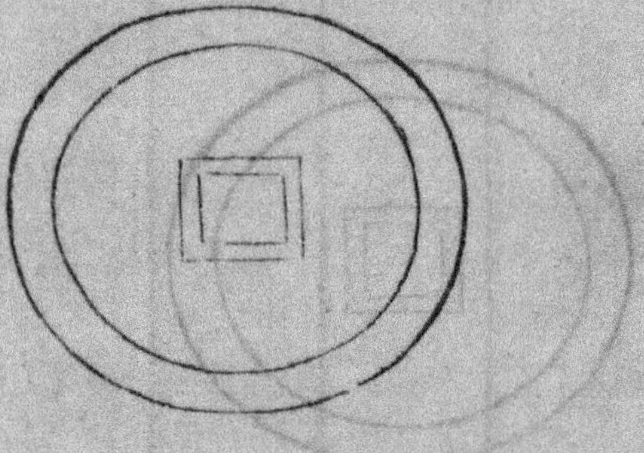

右錢圓徑大小厚薄悉同前錢惟玉色瑩白無瑕錢文四字曰福履綏之

右錢圓徑大小厚薄玉色悉如前錢錢文四字曰壽山福海

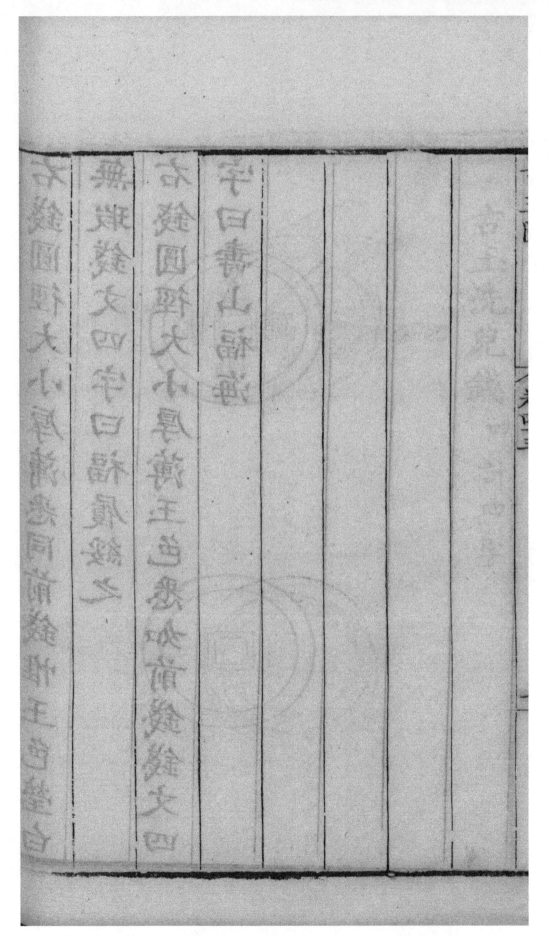

古玉洗兒錢五 計四字

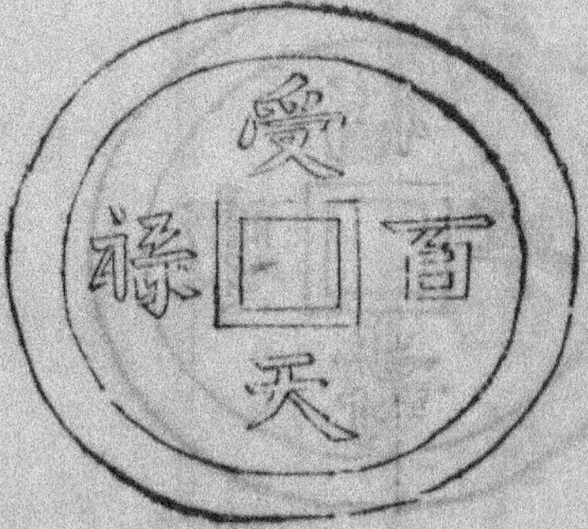

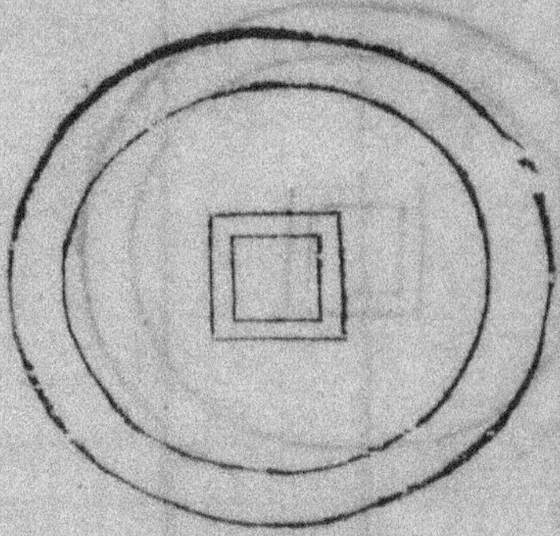

古玉洗兒錢 六討四字

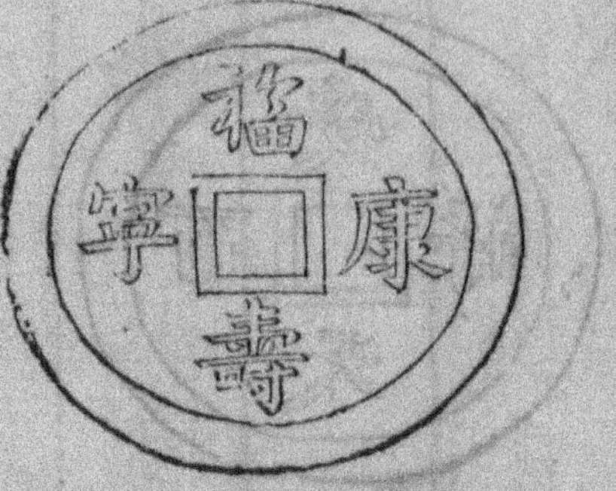

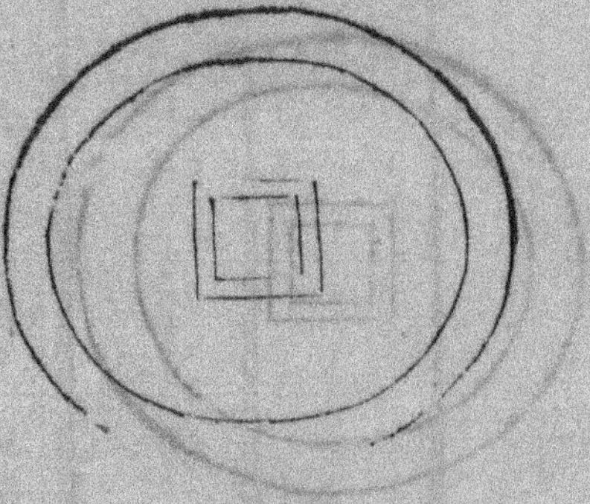

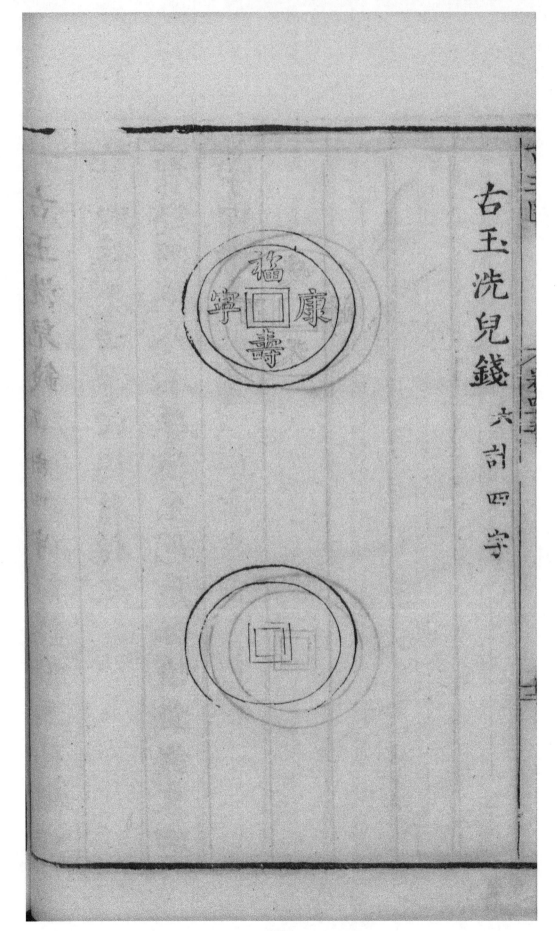

右錢圓徑大小厚薄悉同前錢惟玉色微紅

白錢文四字曰受天百祿

右錢圓徑大小厚薄悉同前錢惟玉色甘黃

無瑕錢文四字曰福壽康寧

宋淳熙敕編古玉圖譜第四十五冊　終

宋淳熙敕編古玉圖譜第四十六冊

漢玉剛卯一 銘八字

漢玉剛卯 二 計八字

秦漢碾玉山古玉圖譜卷四十六皆

秦碾墜山古王圖

玉剛卯一驗八字

順秦四化
彊共靁除

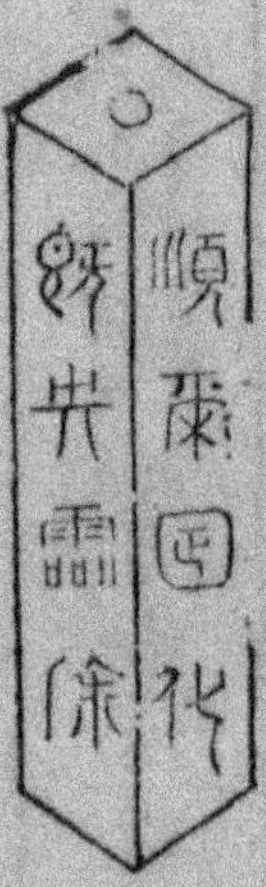

右剛卯長二寸四分每方濶三分三厘玉色瑩白璊斑匀布卯分四方每面瑑刻四字大篆曰吉日剛卯帝命遵化順爾國化既央靈除共十六字臣謹按後漢書云王莽篡以劉字有卯金刀之文忌之每於正月遇丁卯之日以玉及金作剛卯佩之或四方六角八角圓者長二寸四分中穿以孔以五綵絲為繩貫之而葺其底其銘文云吉日剛卯帝命遵

化順爾國化既央靈除既正既直既員既方
廕使剛癉莫我敢當共三十二字其字或篆
或隸銘文或四句八句不等取其壓勝辟邪
之意以下諸種篆隸者出之漢魏楷字者出
之晉唐云

漢玉剛卯 三 計八字

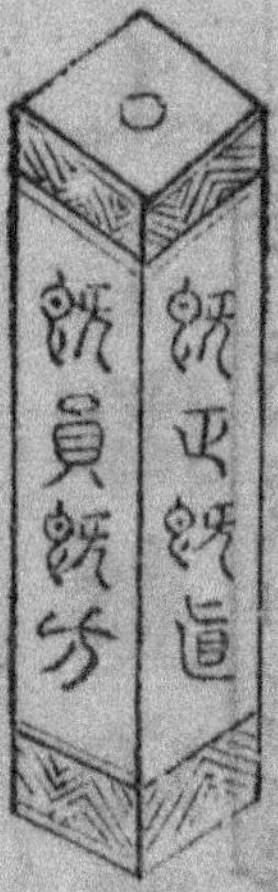

漢玉剛夘　四　銘八字

右剛夘長二寸四分每方濶三分六釐玉色甘黃璊斑勻點瑑刻上下圍繞山文中瑑刻銘文四句共十六字小篆文

右剛夘長二寸二分四方每方濶四分玉色翠碧無瑕瑑刻上下圍繞卧蠶文中刻銘文四句計十六字小篆文

四句詩十六字小篆文

羣碧無瑕琢刻上下圍繞以篆文中刻螭文

右側卯長二寸八分四方每方濶四分王色

銘文四句共十六字小篆文

甘黃瑞斑勾點琢刻上下圍繞山文中琢刻

右側卯長三寸四分每方濶三分六分王色

漢玉剛卯 五 計 八字

香瑪莊羽赤琢刻銘文四句其

剛卯外長二寸

紅無瑕琢琢刻上

四句共十六字溝槽

既正既直
既元既方

戴未桐州六十八字

漢玉圖

五

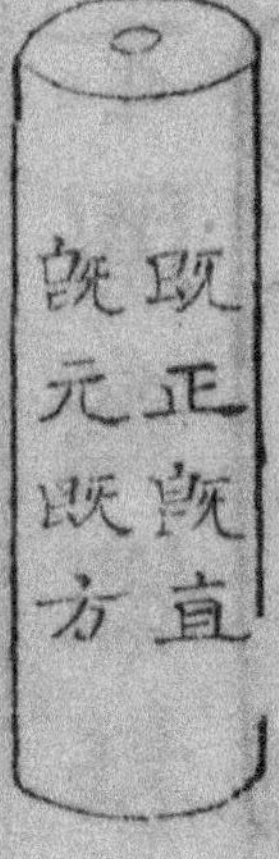

漢玉剛卯六計八字

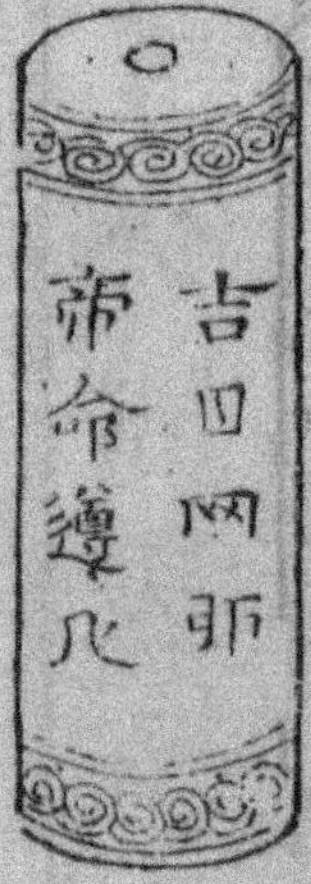

右剛卯長二寸四分圓徑二寸四分玉色廿青璊斑丹赤瑑刻銘文四句共十六字漢隸書

右剛卯長二寸五分圓徑三寸玉色瑩白微紅無瑕瑑刻上下圍繞聯珠之文中刻銘文四句共十六字漢隸

漢玉剛卯七 計十二字

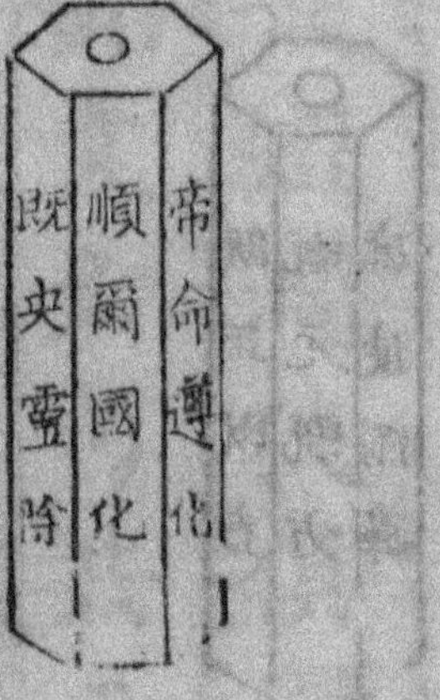

漢玉剛夘八計十二字

右剛夘六角式長二寸四分每方濶二分一厘玉色瑩白璊斑勻點瑑刻銘文六句計二十四字真楷書非漢器乃晉唐物也

右剛夘六角式長短濶狹俱同前玉色瑩白璊斑勻布瑑刻銘文六句共二十四字楷書亦晉唐物也

亦晉唐物也

璊斑白色布綠剜銘文六句共三十四字楷書

右剛卯六角式長短闊狹與前同玉色鬱白

十四字真楷書非漢器乃晉唐物也

厘玉色鬱白璊斑白點綠剜銘文六句計三

右剛卯六角式長二寸四分每方闊二分一

漢玉剛卯九　計十二字

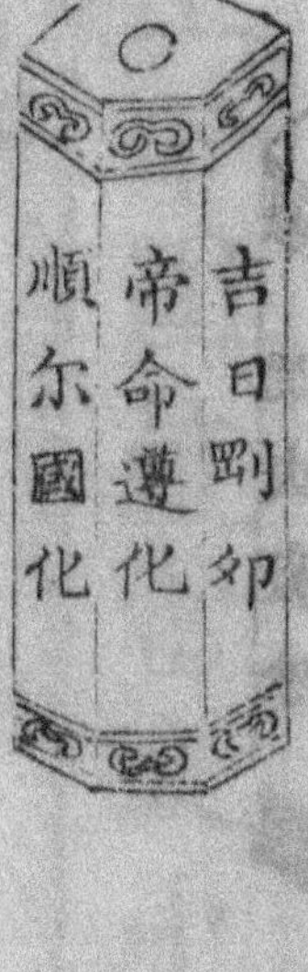

漢玉剛卯十計十二字

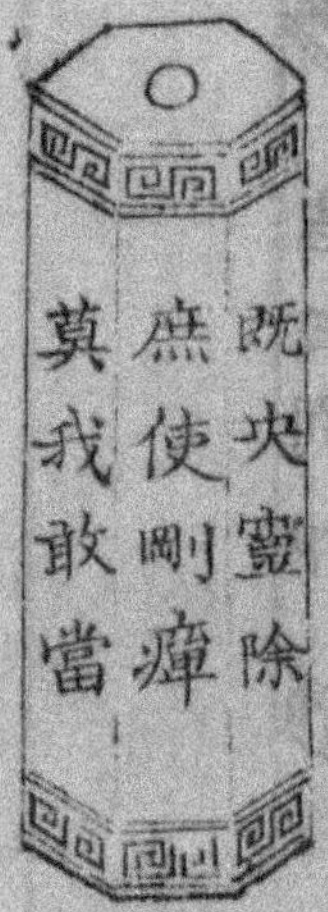

右剛夘六角式每方濶三分長二寸五分玉色甘黃璊斑共苔花疊翠璏刻上下圜繞臥蠶之文中刻銘文六句共二十四字楷書

右剛夘六角式長方大小同前玉色甘黃璊斑丹紫璏刻上下圜繞雷文中刻銘文六句共二十四字楷書

共二十四字楷書

斑并紫瑑刻上下圖飾雷文中刻銘文六句

右剛卯六角式長方大小同前玉色甘黃礪

飾以文中刻銘文六句共二十四字楷書

色甘黃礪斑并苔花叠翠瑑刻上下圖飾以

右剛卯六角式每方濶三分長二寸五分玉

漢玉剛卯 十二 計十六字

漢玉剛卯十二計十六字

咸正厥直
飲元飲方
庶使岡痒
莫我敢當

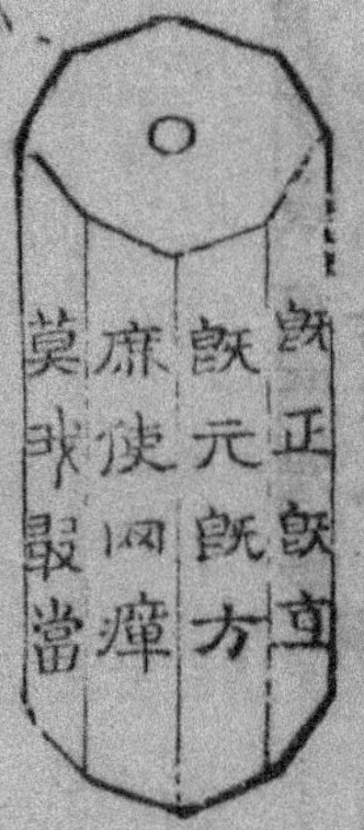

右剛夘長二寸五分八角式每角濶六分玉色瑩白璊斑丹元瑑刻上下圍繞蟠虁中刻銘文八句共三十二字隸書

右剛夘八角長短濶狹大小玉色悉同前夘惟玉色璊斑青翠蝕滿玒瑑刻銘文八句共三十二字隸書

三十二年纂書

卦玉為鯱琭青翠瑕礙缸潤澤論文八分共

古潤色入鼠牙鏤間蒙大小正色参同備矣

論文八分共三十二年纂書

島壁白瓏斑民示凝涘上下圖謙變中懷

宋淳熙敕編古玉圖譜第四十六冊　終

宋淳熙敕編古玉圖譜第四十七冊

三代周玉指南車飾玉人

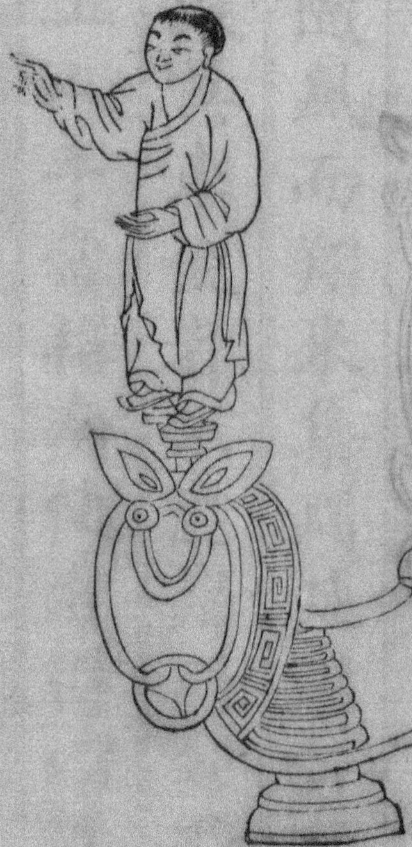

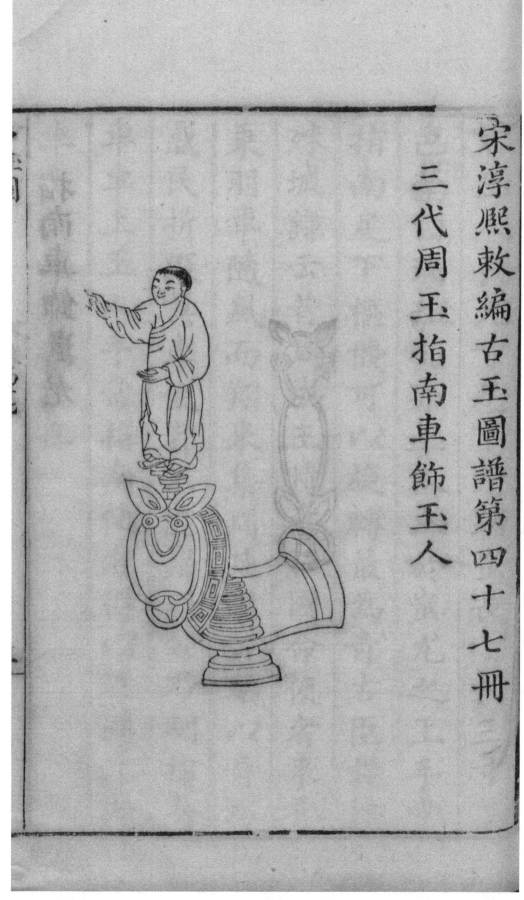

指南車飾蚩尤

三六圖正飾南車軾王人

宋紹興媒舘古玉圖譜载四十七冊

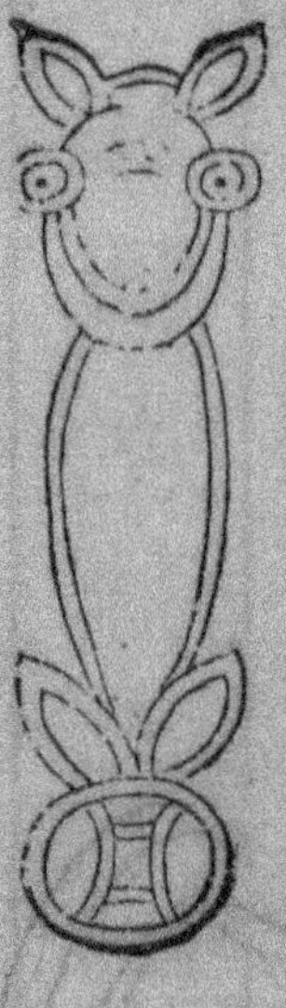

右玉人長九寸足下所踏蚩長一尺三寸玉色瑩白璊斑勻布玉人立於蚩尤之上手常指南足下樞機可以旋轉最為奇古臣謹按殊域錄云昔周成王時奇肱國命使者來貢乘羽車隨風而翔來集周廷周公恐以奇巧惑民折毀其車使者不能歸周公乃制指南車車上玉人手常指南使者得以返國此即車上指南玉人是也

古玉天鹿承轅

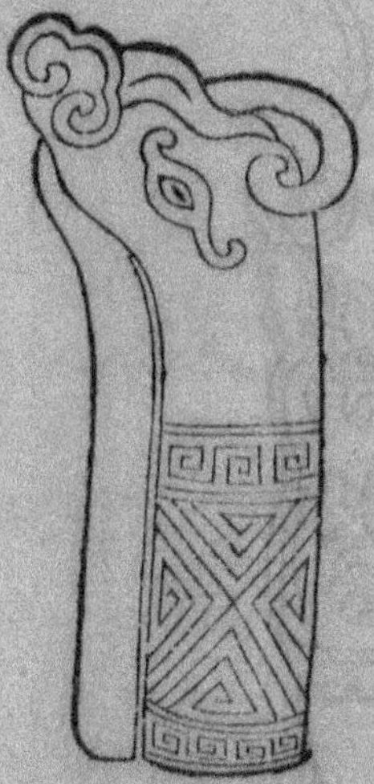

古玉虎首承轅

右承轑長一尺四寸濶五寸六分玉色甘黃璊斑勻點首作天鹿之形腹下刻以雷文為飾三代之物也

右承轑長一尺六寸濶六寸一分玉色瑩白璊斑勻布首作虎文腹作風雲之文亦三代之物也

之物也

璊斑勺布首作虎文腹作風雲之文亦三代

右承攀長一尺六寸闊六寸一分玉色瑩白

飾三代之物也

璊斑勺爲首作天鹿之形腹下刻以雷文爲

右承攀長一尺四寸闊五寸六分玉色甘黃

古玉指南車飾蚩尤環

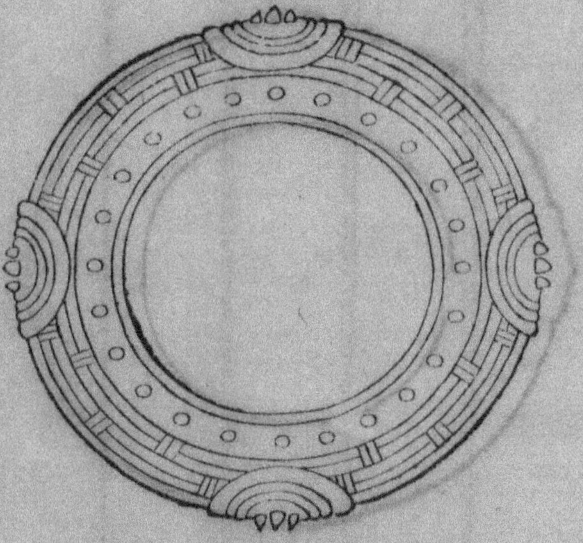

古匜匜都南車轄甾大小二

卷四七

五

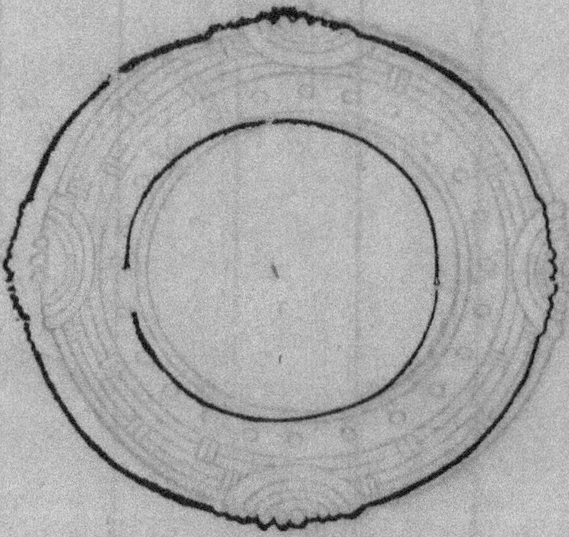

右環圓徑一尺三寸厚四分八厘玉色[illegible]璊斑勻布琱刻之工非漢魏人所能真周器也

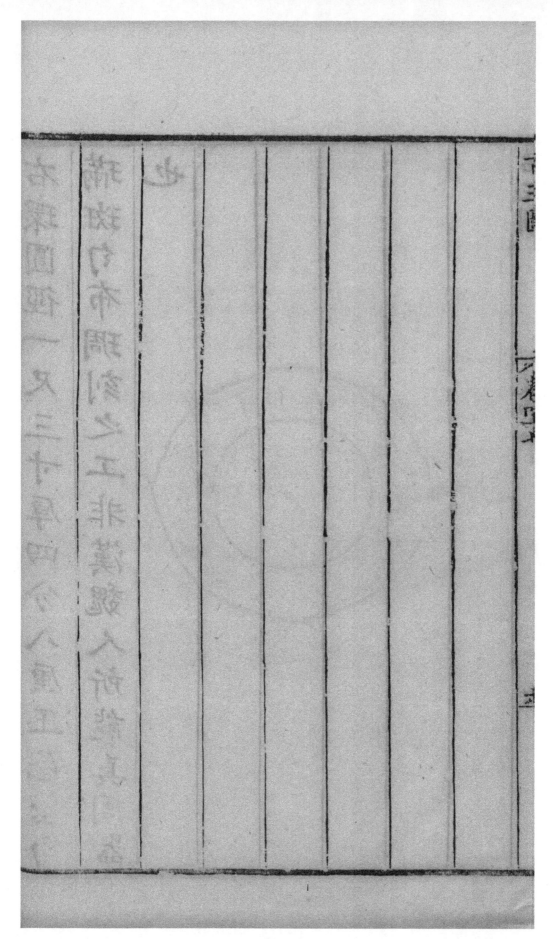

古玉相輪

相熱官閒此輞散錦茶玉枝之上箭

穴穴巡之

右相輪圓徑一尺八寸厚五分玉色甘黃瑞斑細點臣觀此輪或飾於玉輅之上者歟亦三代之器也

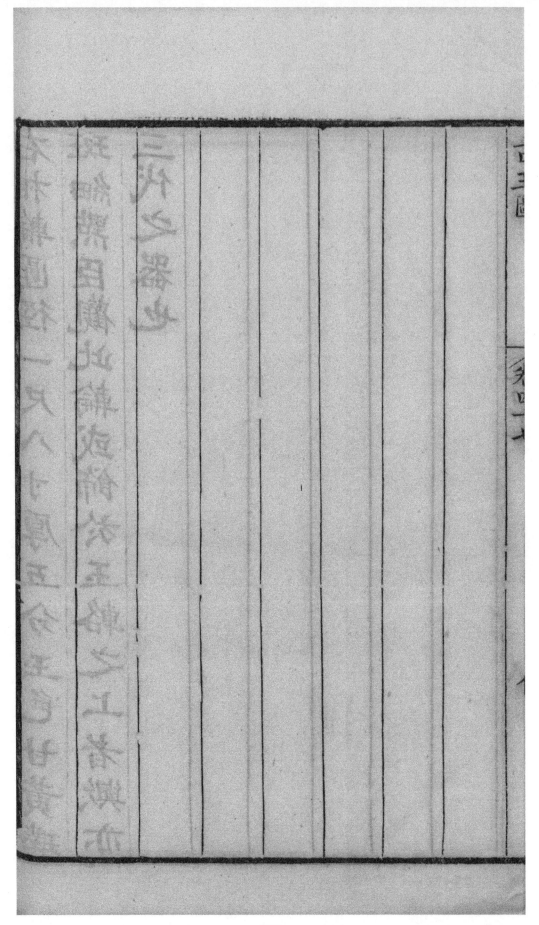

古玉輅承綏一

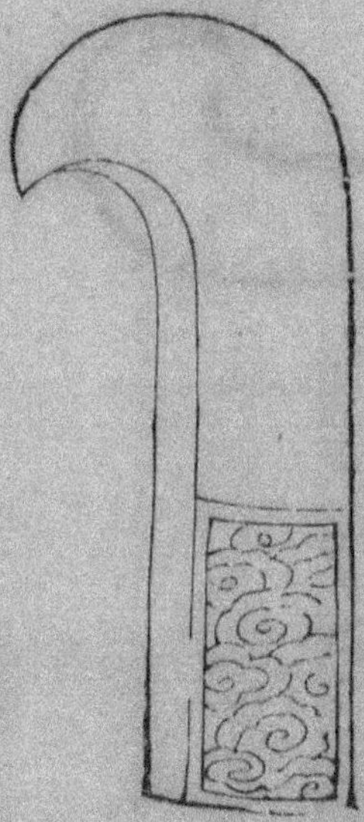

古玉輅承綏 二

右承綏長一尺一寸厚四寸二分玉色翠碧璊斑丹赤腹下作雲文華縟可愛漢已前物也

右承綏長一尺二寸厚六寸三分玉色甘青璊斑丹赤身腹之上作雲雷之文亦周物也

古玉鳩車

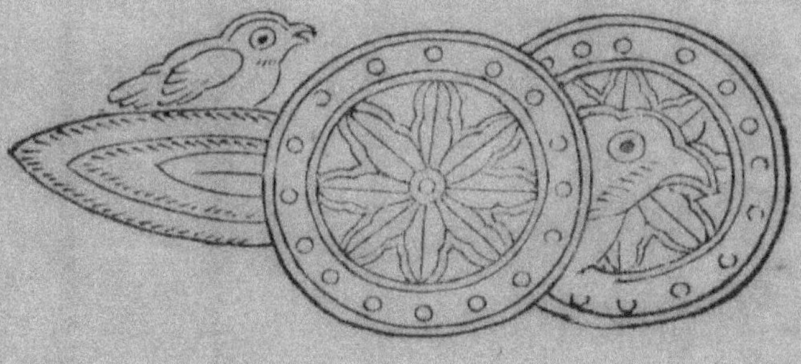

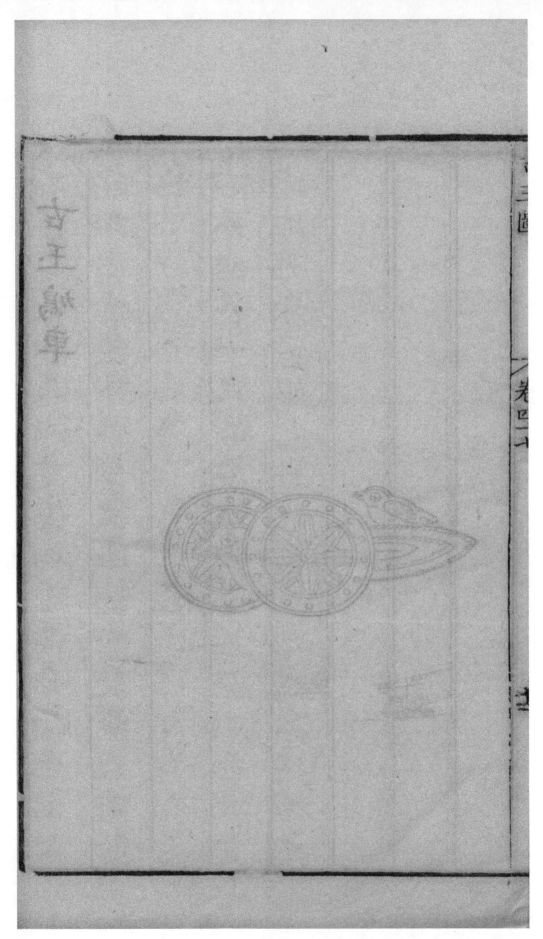

右鳩車兩輪圓徑一尺三寸母鳩長八寸六分玉色瑩白璊斑勻點臣謹按金海云兒童之年六歲有鳩車之歡七歲有竹馬之樂此鳩車必六朝宮禁之物也

宋淳熙敕編古玉圖譜第四十七冊 [illegible]

古玉圖譜

九

宋淳熙敕編古玉圖譜第四十八冊

古玉輅輞頭一

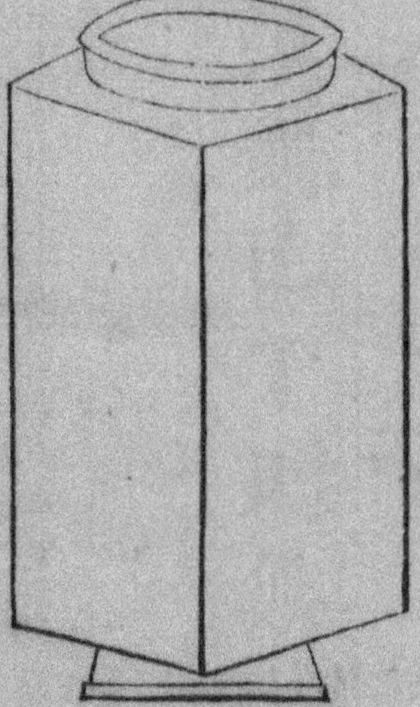

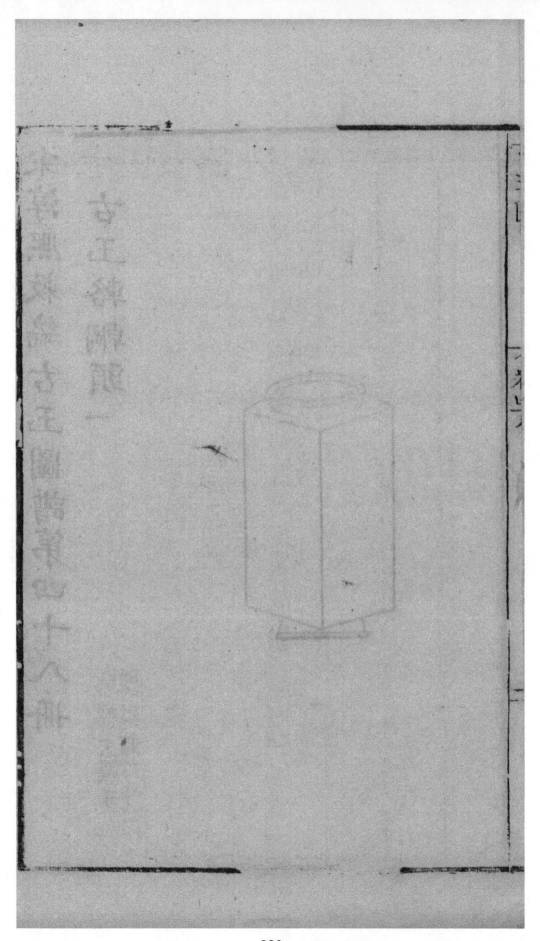

右輞頭長二寸方一寸三分玉色甘黃璣玟

勻布周身朴素無文臣謹按車經云輞頭揁

隅頭之飾王公之車即古之金根車也有方

有圓有六方八方之式已下諸輞頭皆古玉

輅揁頭之飾漢魏已下則無之矣

古玉輅輞頭 二

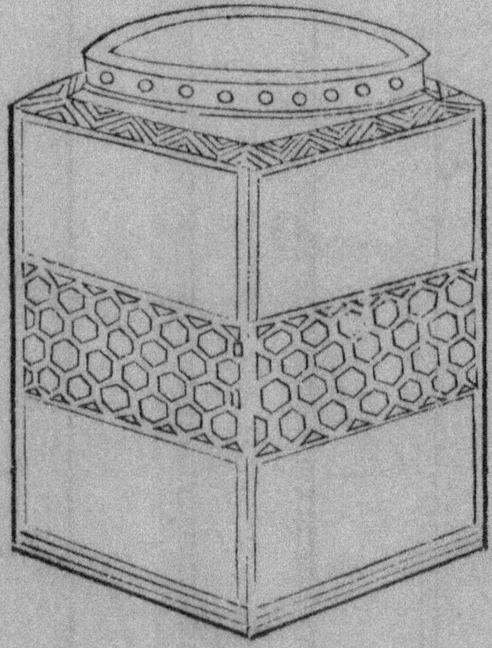

右輞頭長三寸一分濶二寸四分玉色甘黃璘斑匀布腹間飾以六角毬文古雅可愛周室之器也

古玉輅輞頭　三

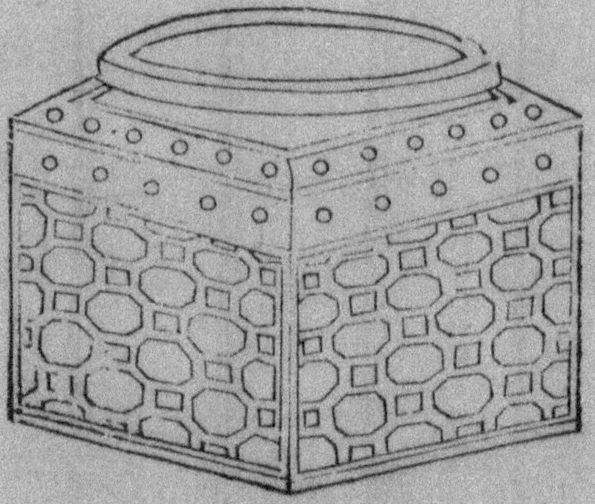

右輛頭長一寸八分方一寸七分玉色淡碧璊斑丹赤脰間飾以連珠腹間飾毬路周器也

古玉輅輞頭 四

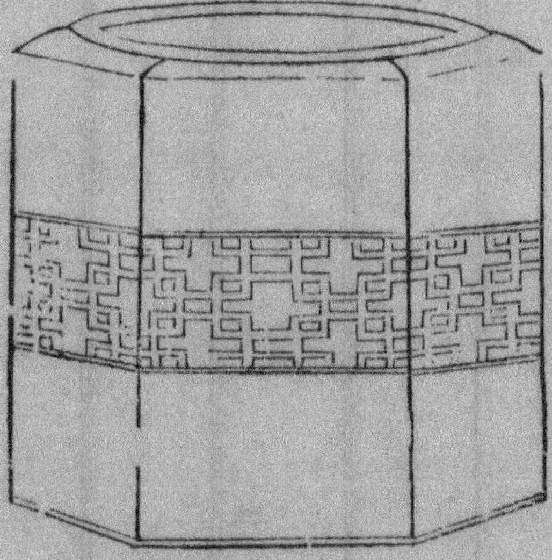

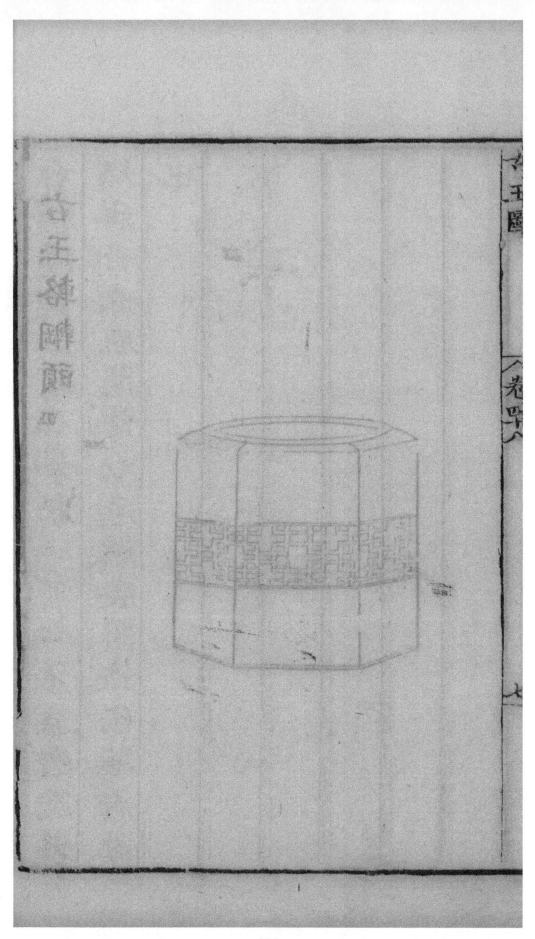

右輞頭長三寸三分濶二寸六角式腹閒飾

以玉蘭文玉色瑩白而微紅三代之舊物也

公正蘭文王曲蓋白玉羚瑜三寸六分藝謹案

古陣顧羨三寸三分闊二寸六鹿左瞑閒輪

古玉輅軶頭 五.

對素無文玉色瑩白稍埃朴完古物也

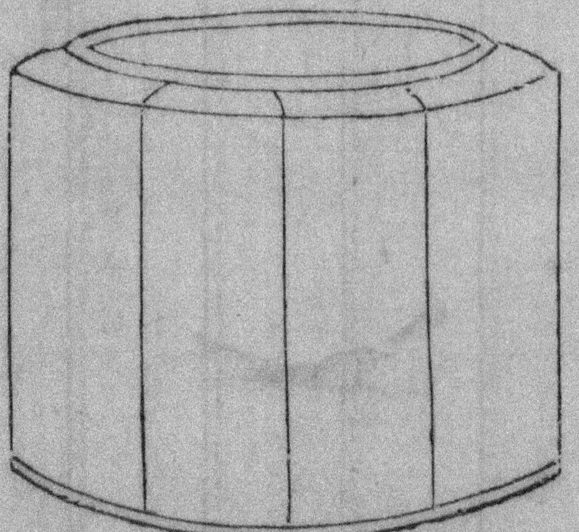

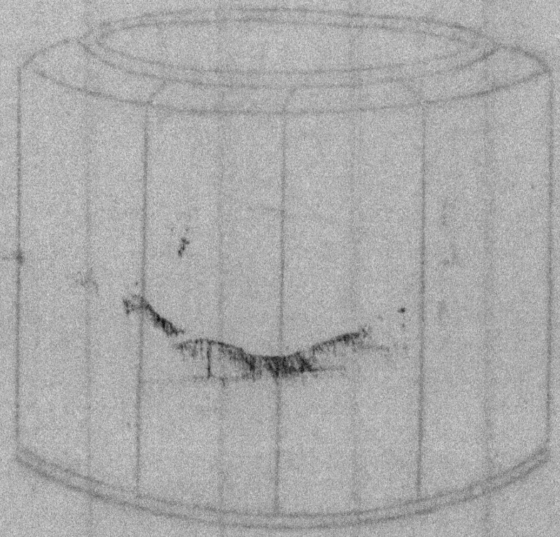

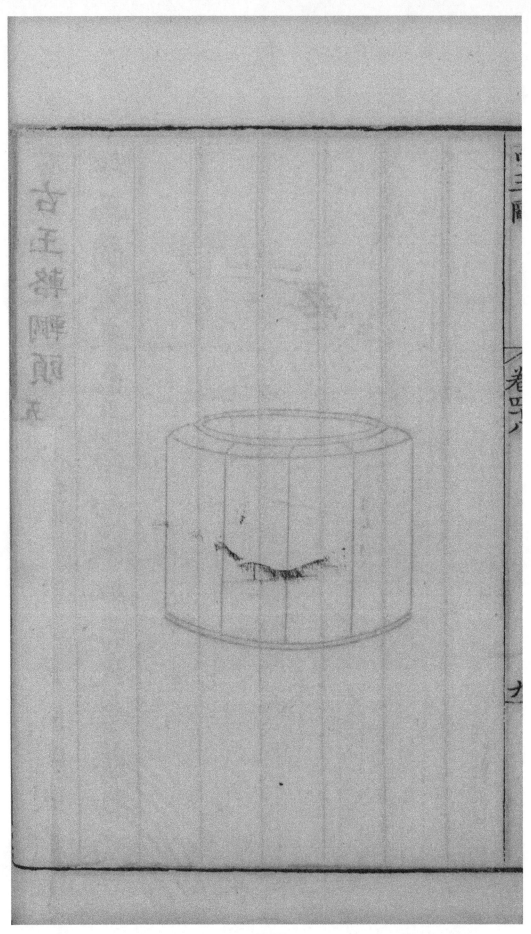

右輞頭長二寸八分濶一寸五分六角式周

身朴素無文玉色瑩白璊斑丹元古物也

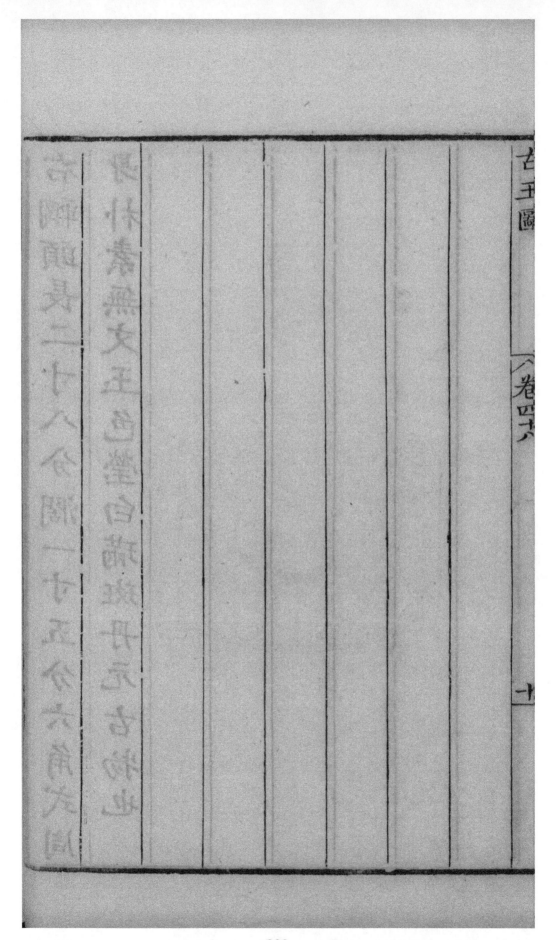

古玉輅輞頭 六

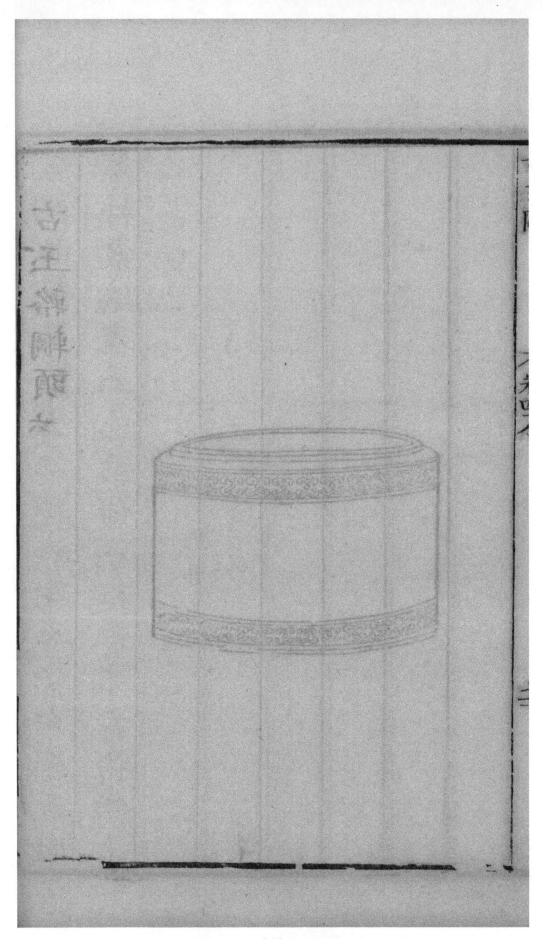

右輌頭圓徑一尺二寸長三寸六分玉色甘青璊斑勻點瑑刻上下圍繞臥蠶之文漢魏已前物也

宋淳熙敕編古玉圖譜第四十八冊 終

宋淳熙敕編古玉圖譜第四十九冊

古白玉卷雲九梁冠一

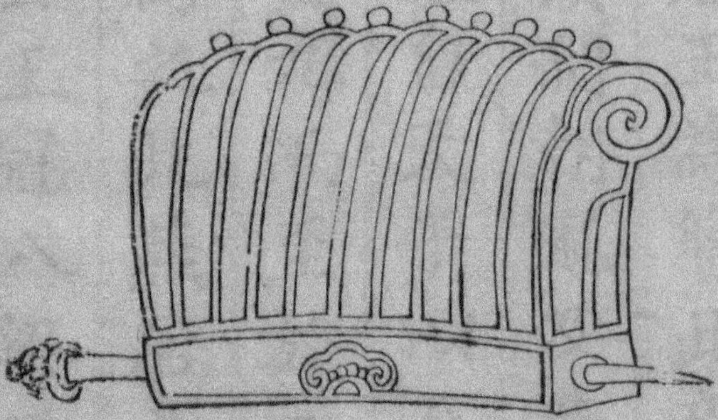

古白玉春雲九珠冠一

宋龍大淵敕編古玉圖譜卷四十九終

右冠髙三寸六分廣二寸四分玉色瑩白無瑕卷雲之頂飾以大蠙珠幾顆冠額之上嵌以西紅寶石碧玉為簪此帝王之冠也臣謹按章服志云漢制朝冠及燕居之冠各有差等此卷雲之冠自天子以至公卿大夫皆得服之其梁則自九而至於二或玉或金或角牙銅石之類為之此燕居之冠也漢制天子玉冠九梁王公玉冠八梁侯伯駙馬及一品

玉冠七梁二品六梁三品金冠或蒼玉冠五梁四品五品犀角象牙冠三梁六品七品銅冠二梁惟御史得用鐵冠一梁而有柱焉此九梁冠乃漢朝天子燕居之冠也

古玉卷雲九梁冠 二

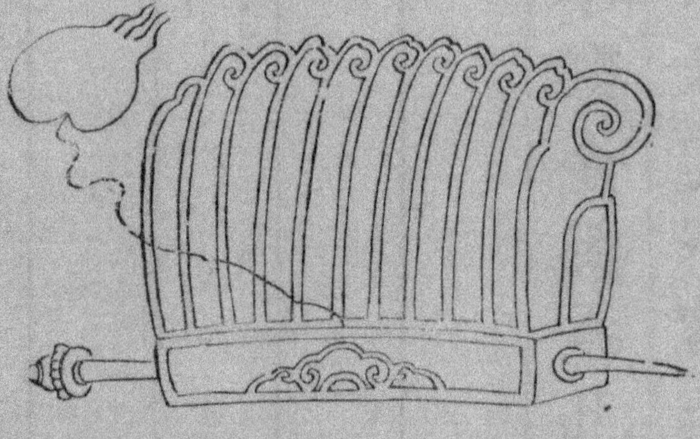

右冠高三寸六分濶二寸四分玉色翠碧無瑕九梁之上琢以卷雲冠額之前飾以紅寶白玉為簪加以朱纓金綫焉此亦漢宮帝王之冠也

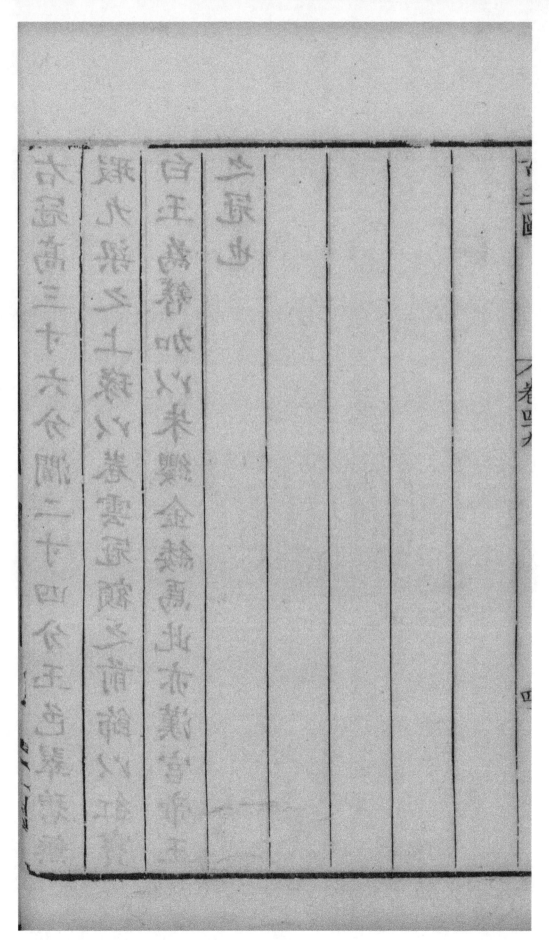

古玉卷雲九梁冠 二

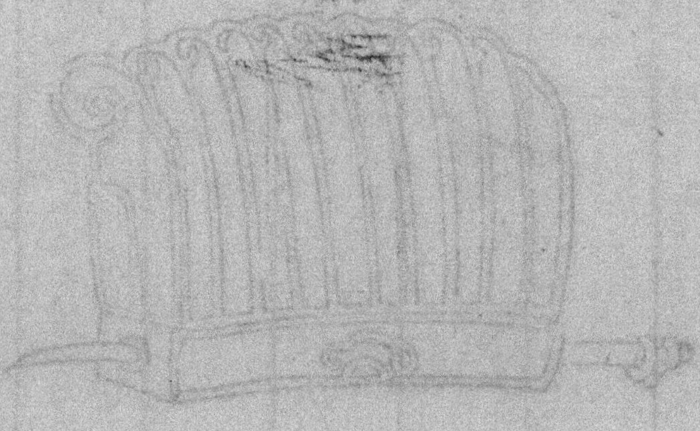

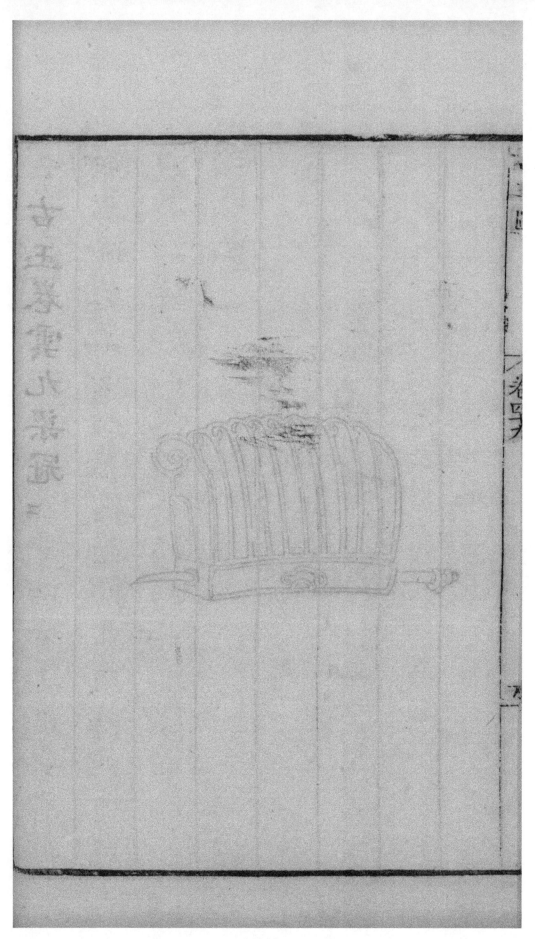

右冠高三寸六分濶二寸四分玉色甘青無瑕卷雲為飾額前飾以紅寶黃玉為簪漢冠也

古玉卷雲七梁冠一

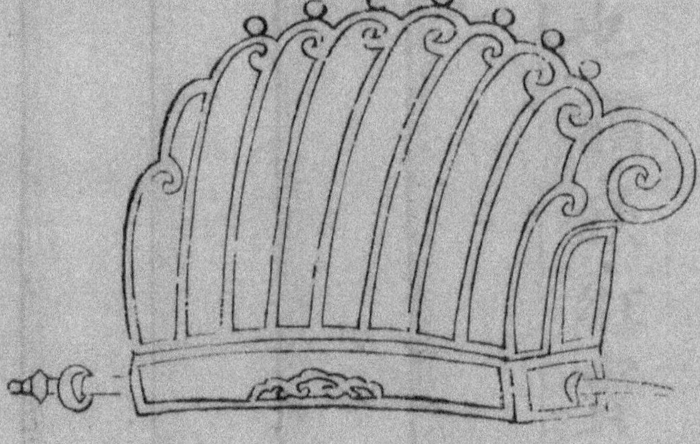

右冠高三寸濶二寸二分玉色瑩白無瑕式作卷雲其梁數七此冠乃漢之侯伯駙馬及一品燕居之冠也額嵌紅寶簪玉用碧

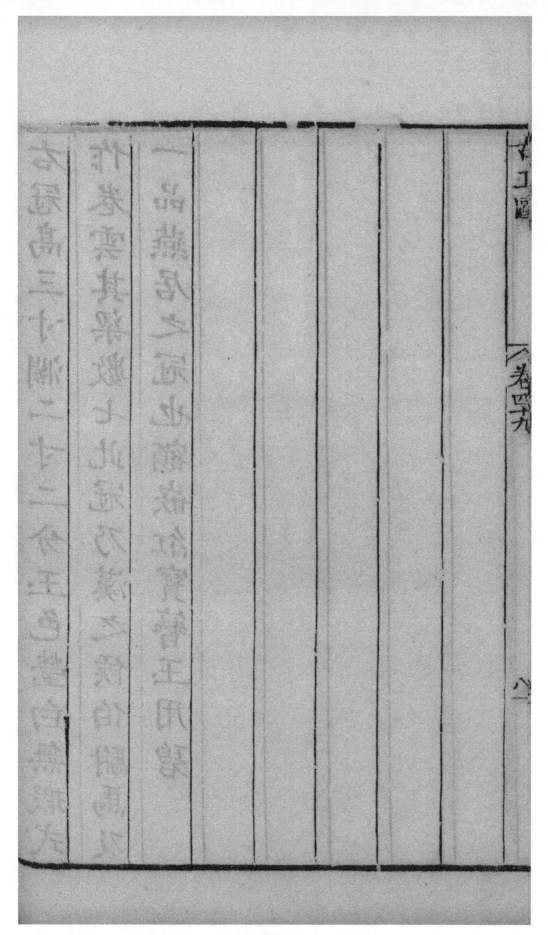

古玉卷雲七梁冠二

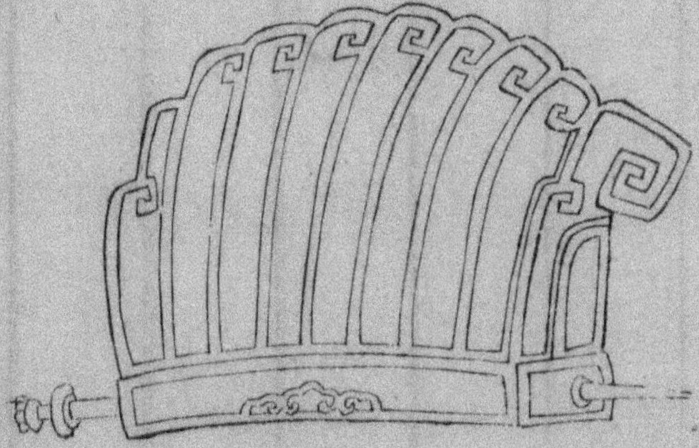

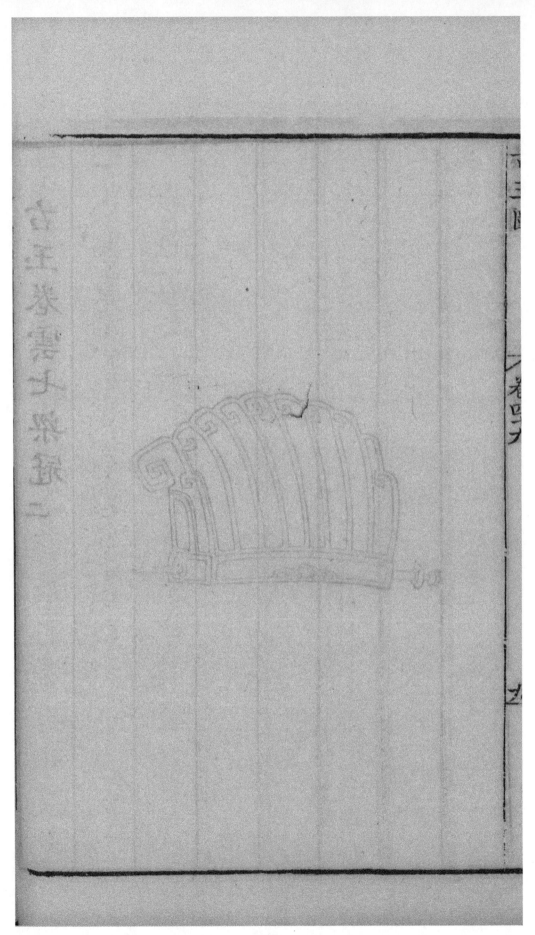

右冠高低廣濶卷雲七梁皆如前冠惟玉色甘黃無瑕額寶用紅簪導用碧而已

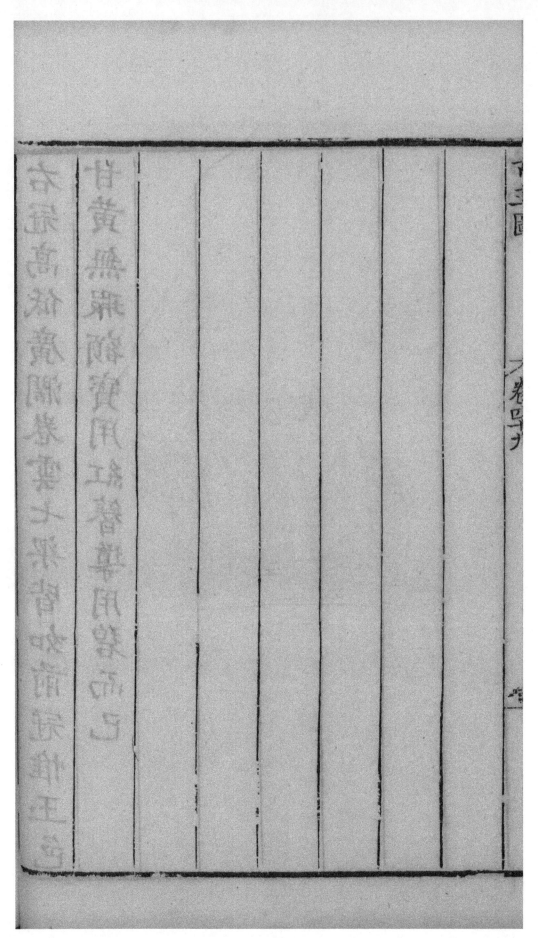

古玉卷雲五梁冠

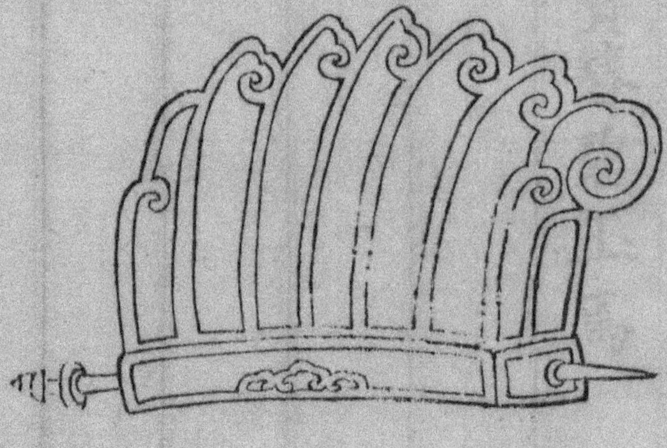

右冠高二寸七分廣二寸二分玉色瑩白無瑕式作卷雲其梁數五乃漢之三品燕居之冠也額飾紅寶簪碧玉焉

宋淳熙敕編古玉圖譜第四十九冊 終

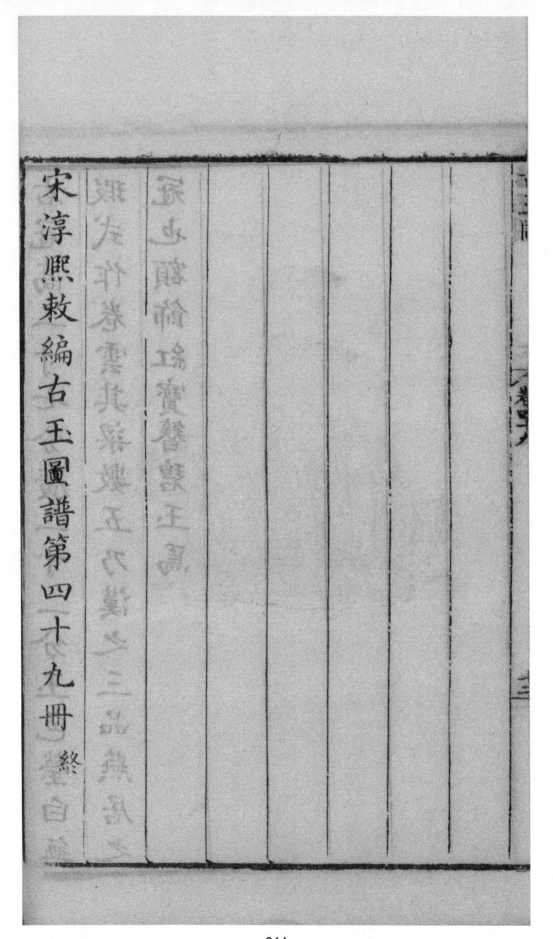

宋淳熙敕編古玉圖譜第五十册

古紅玉蓮花冠

右冠高三寸三分廣二寸六分玉色鮮紅而瑩澈式作蓮花前後左右共分三十六瓣一玉所成號為鬼工觀其制作之精非漢人不能也此冠乃王公之所服非士庶所得用者也

古碧玉蓮花冠

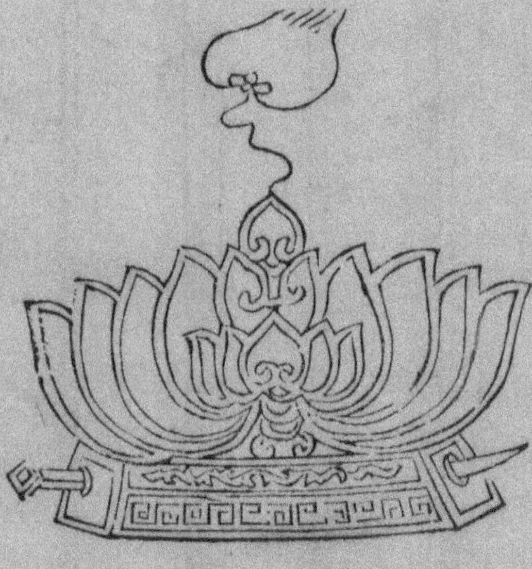

右冠高低廣狹制度悉同前唯玉色翠碧纓
緌朱紅簪導黃金而已

古玉芙蓉冠

右冠高三寸廣二寸三分玉色鮮紅瑩澈式作芙蓉前後左右瓣分一十有八皆一玉所成臣謹按鄴宮故事云石季龍宮中妃嬪皆戴紅玉芙蓉冠此冠乃晉時物也

古玉三台冠

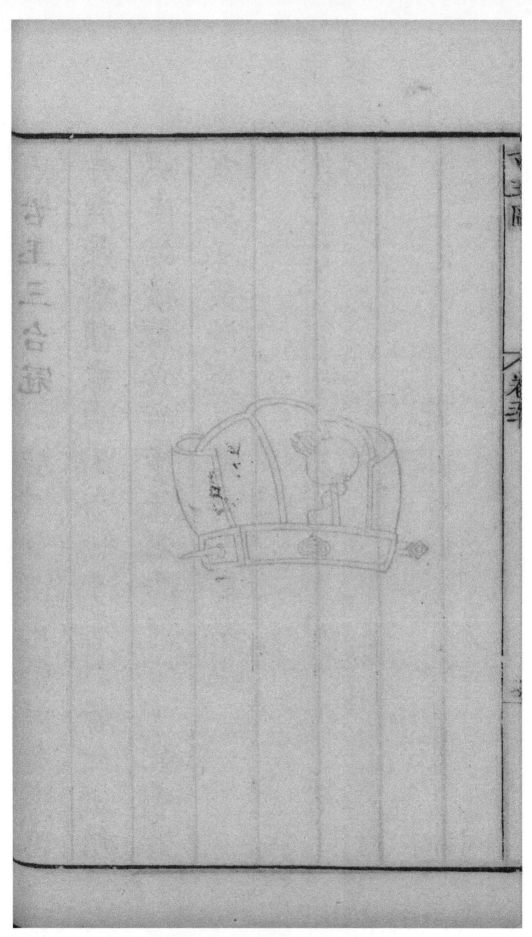

右冠高三寸三分廣濶如之玉色甘黄式作三台而朱纓緌碧玉為簪夫三台者三公之位也此冠蓋三公所服者歟

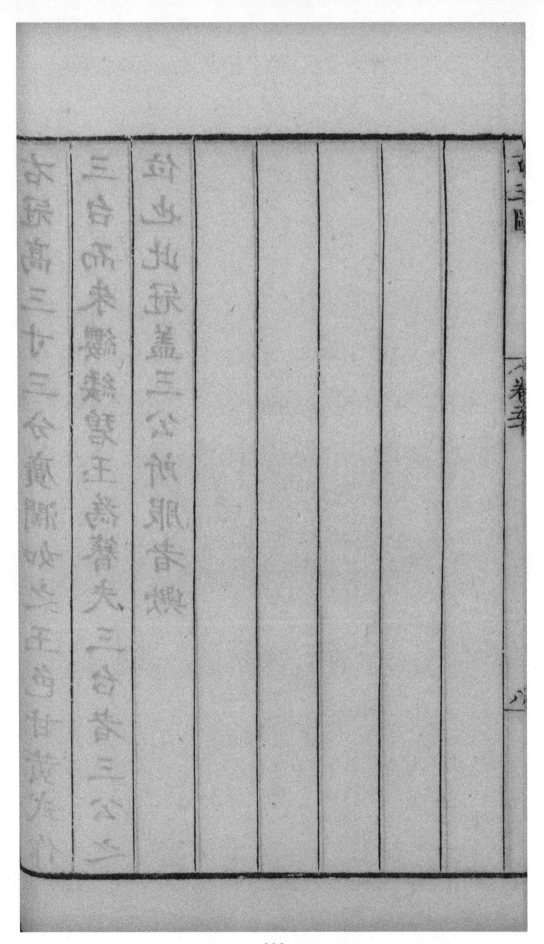

古玉燕尾冠

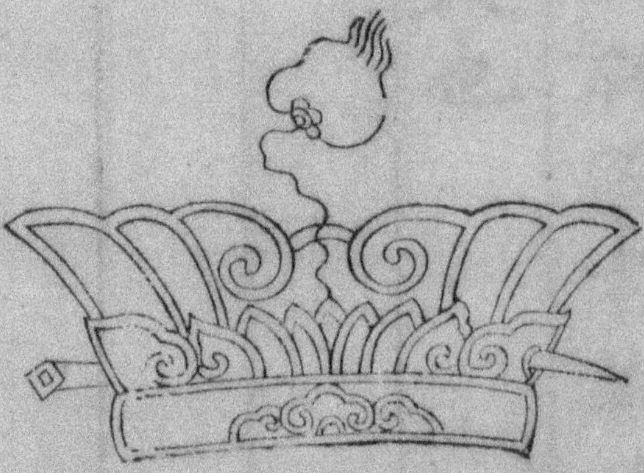

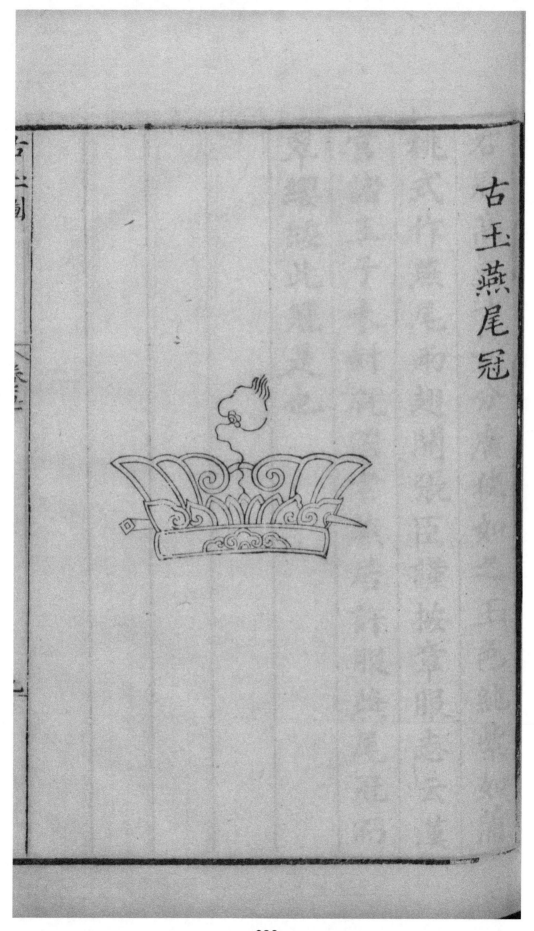

右冠高三寸一分廣狹如之玉色純紫如蒲桃式作燕尾兩翅開張臣謹按章服志云漢宮諸王子未封就國者燕居許服燕尾冠而翠纓緌此冠是也

古玉朝天冠

右冠高三寸六分廣狹如之玉色甘黃無瑕式作朝天冠外有郭郭後二翅作冲天形此帝王燕居之章服非王公所得而用者也

宋淳熙敕編古玉圖譜第五十冊 終

宋淳熙敕編古玉圖譜第五十一冊

古玉方山冠

右冠長七寸博廣二寸七分厚四分三釐玉色瑩白璊斑勻布周身朴素無文臣謹按詩大雅之棫樸曰濟濟辟王左右奉璋奉璋峩峩禮經云以赤璋禮南方半圭曰璋夏者陰陽各居其半故用璋賈公彥曰圭璋特達謂行聘之時唯圭璋得以獨達不加飾幣也又曰牙璋以起軍旅云云今觀此璋不加文飾古朴可愛蓋商周之物也

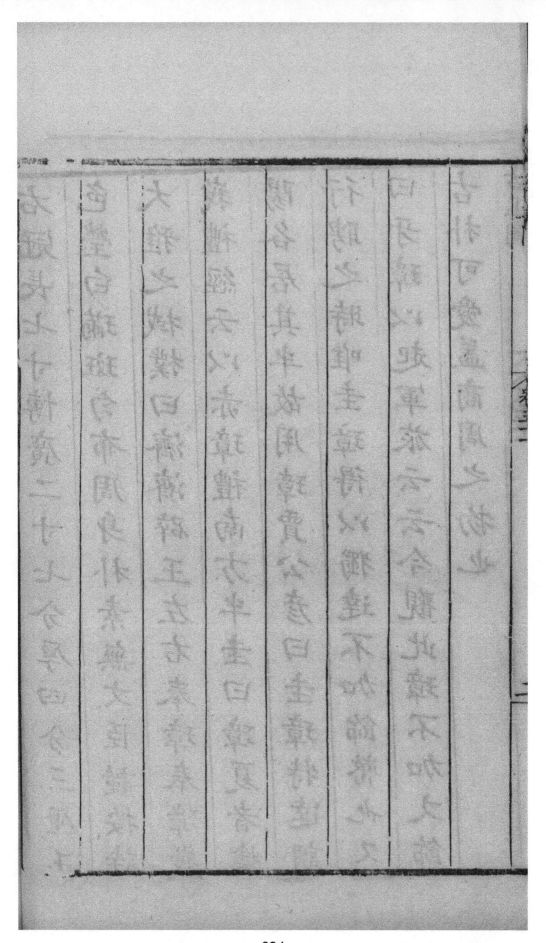

古王七梁方山冠

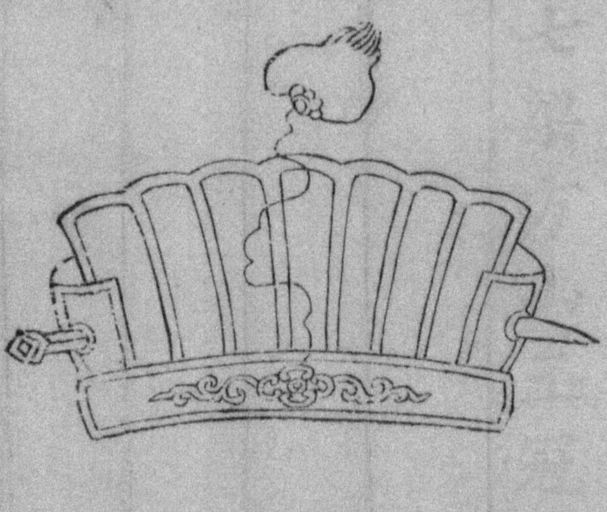

若冠高三寸六分廣狹如之體具七梁而方
而以郭額嵌紅寶綴以朱纓臣謹按章服志
云列侯初拜賜七梁方山玉冠而金簪導此
冠是也

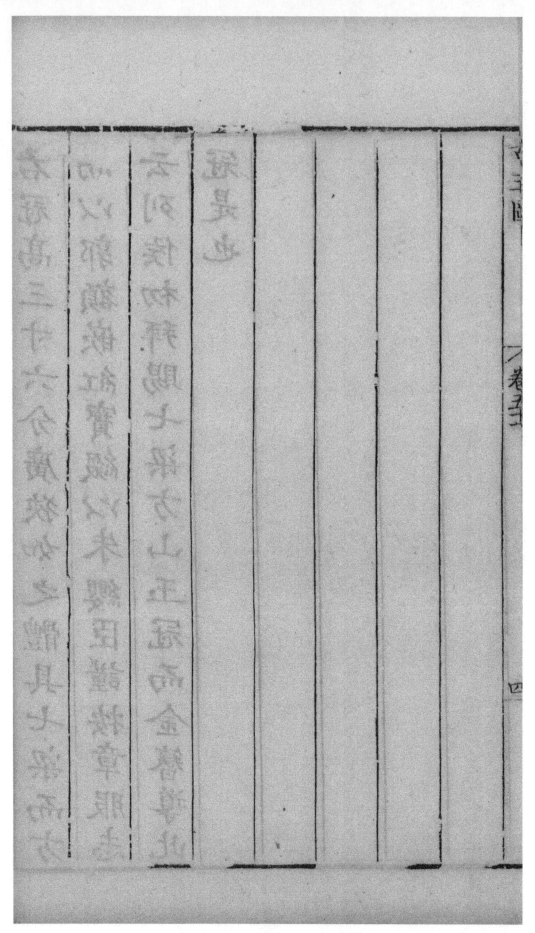

古玉隱士冠

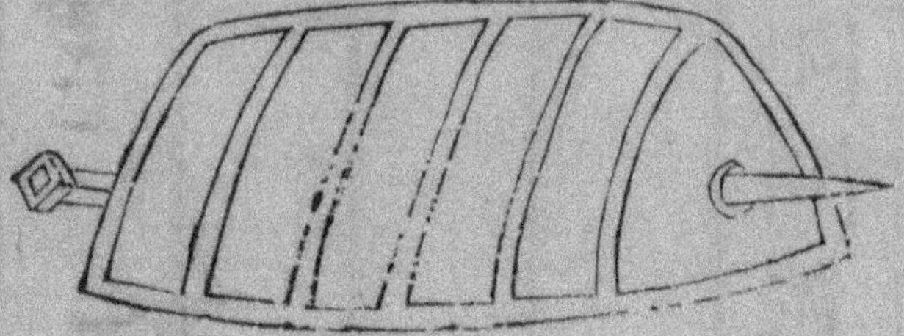

右冠高三寸一分下濶二寸八分玉色甘青無瑕身起六梁冠頂窄薄如屋脊然昔日臣見李公麟畫黃帝崆峒問道圖黃帝所戴之冠即此冠也

古玉偃月冠

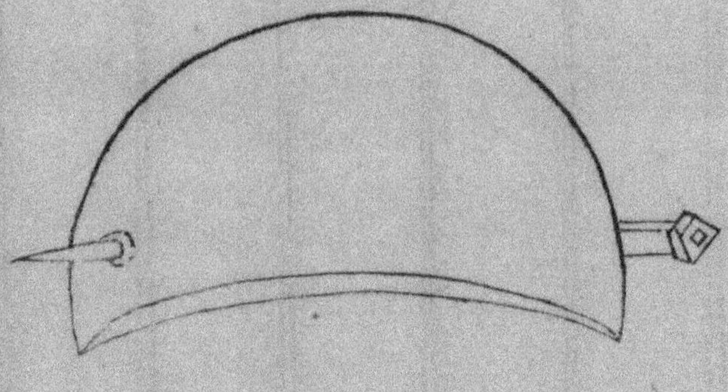

右冠高二寸七分廣二寸二分玉色淡碧無瑕式作偃月之形本道家之冠儒者之士亦常服之

古玉如意束髮小冠

右冠高二寸二分廣狹如之玉色微紅如玫
瑰制作精巧可愛臣謹按漢宮舊事云皇子
生五歲則賜以束髮如意寶冠即此是也

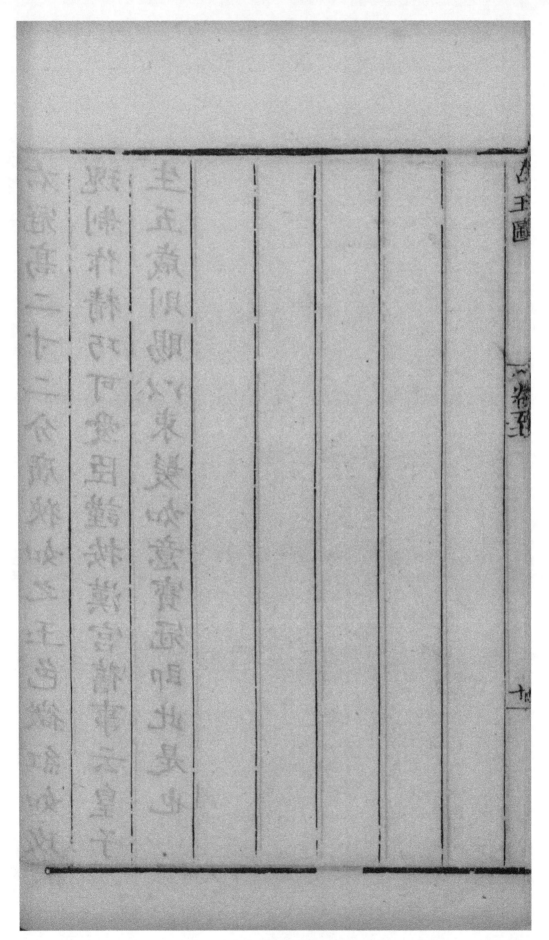

古玉皇后七寶冠

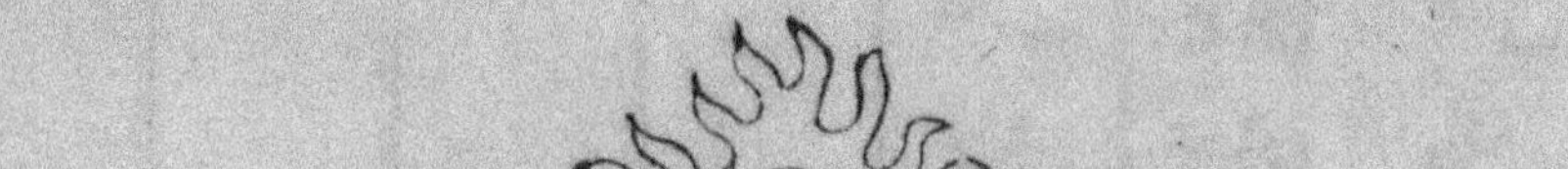

右冠高一尺二寸圓徑八寸六分以碧玉為體如卷雲梁冠之制而以紅黃青白諸玉鑲嵌復用蠙珠珊瑚寶石為飾五采陸離光輝溢目誠希世之珍也漢魏之物歟

宋淳熙敕編古玉圖譜第五十一冊終

宋淳熙敕編古玉圖譜第五十二册一

唐白玉龍文朝帶一

卷五十二

石朝帶前後共二十四胯前後正面帶胯長二寸七分濶二寸三分厚四分從胯員者徑五寸五分方者長二寸七分濶一寸四分兩插尾長五寸九分濶一寸九分玉色瑩白精緻瑑刻雲龍之文玲瓏精巧細入絲髮唐良工之作也臣謹按唐實錄云腰帶之制自古皆有然皆革帶也至唐高祖始定腰帶之制自天子以至諸侯王公卿將相三品以上許

用玉帶天子二十四銙諸侯王將相之玉帶十三銙而加兩插尾焉帶有花素之分龍文萬壽洪福等琱文之帶唯天子方得用其玉侯公相龍文諸帶非敕賜不得服也

唐羊脂白玉萬壽朝帶

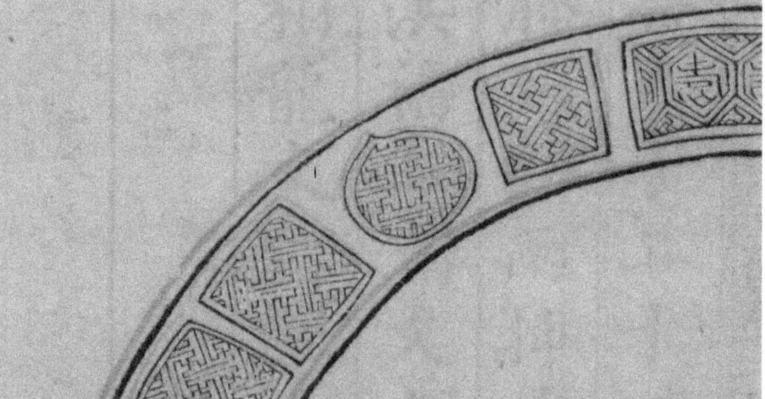

右朝帶胯數長濶厚薄悉同前帶玉色纖白瑩澈如羊脂瑑刻萬壽之文三層疊鏤細如絲毫真有唐之寶器也萬壽之文唯天子可用臣下不得而服也

唐玉洪福齊天朝帶

右朝帶胯數長濶厚薄悉同前帶唯玉色淡
青而瑩澈瑑髮蝙蝠雲霞之文玲瓏疊鏤細
如絲髮蝙蝠之玉紅如丹砂最為奇異夫紅
者洪也蝠者福也取洪福之義乎雲霞在天
取齊天之義也九重祝嘏之詞臣下其敢服
哉

唐玉鶻面朝帶

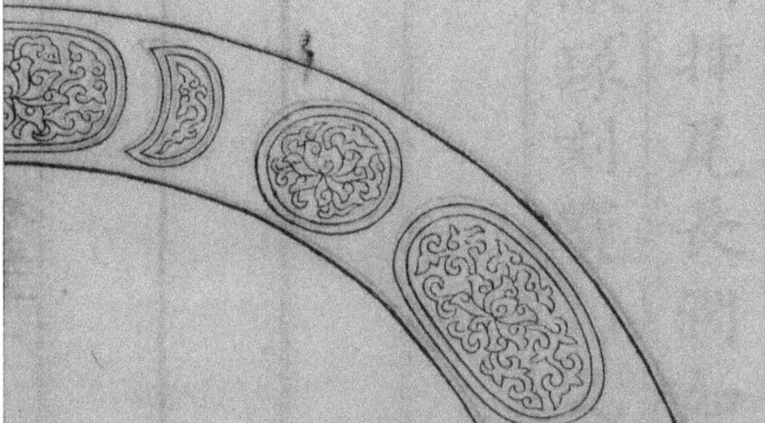

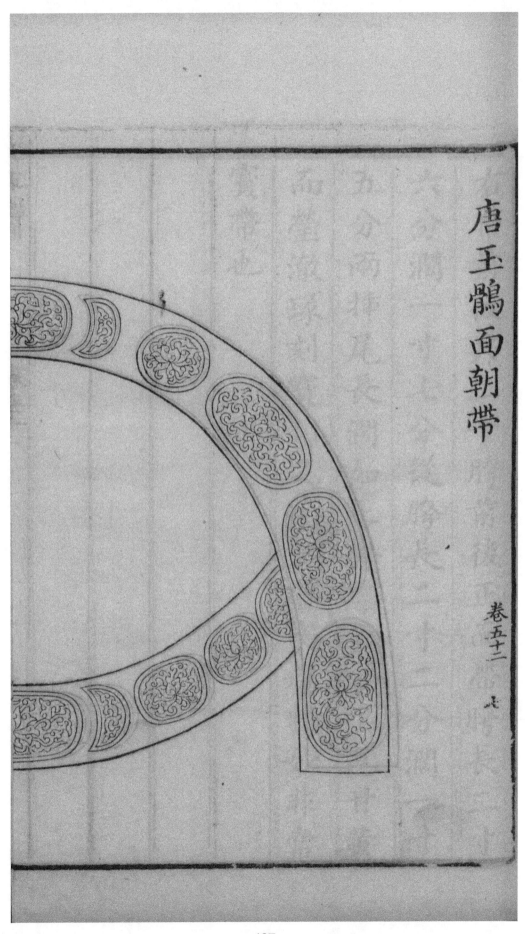

右帶前後共二十銙前後正面帶銙長二寸六分濶一寸七分從銙長二寸二分濶一寸五分兩插尾長濶如正銙厚五分玉色甘黃而瑩澈瑑刻寶相之花三層突起精妙非常寶帶也

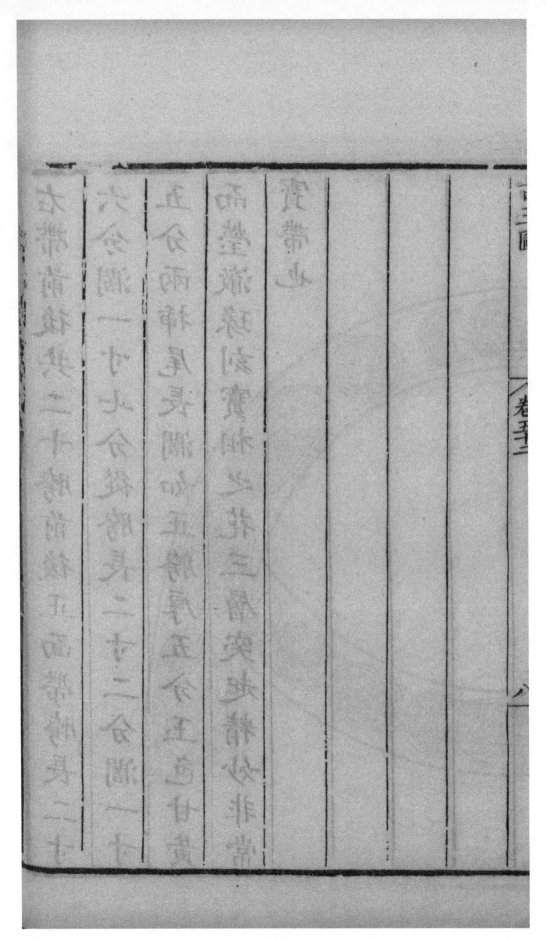

古玉天然月輪朝帶

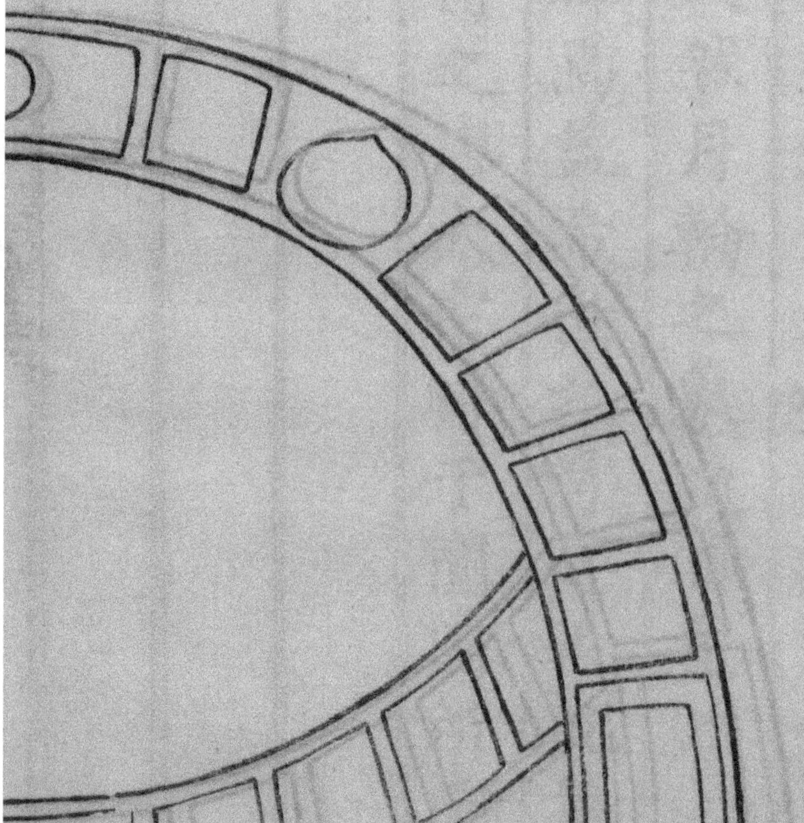

右帶共二十四銙長濶厚薄悉同前帶玉色甘青而瑩澈周身朴素無文唯前後正銙之上有天然月輪之象隨時盈缺以應晦望而生光輝焉盖希世之奇寶也此帶聞太宗平江南得之唐太宗時于闐國所貢也

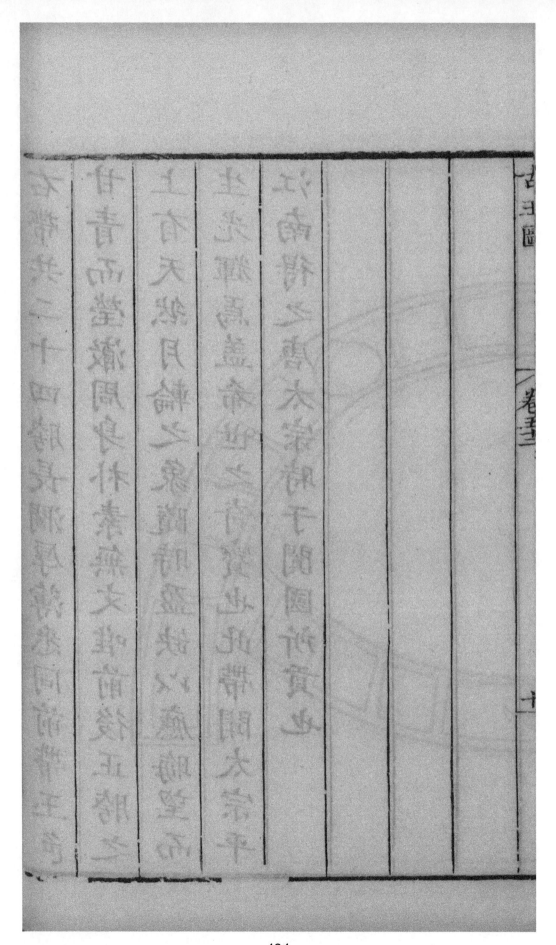

古王天然山紋朝帶

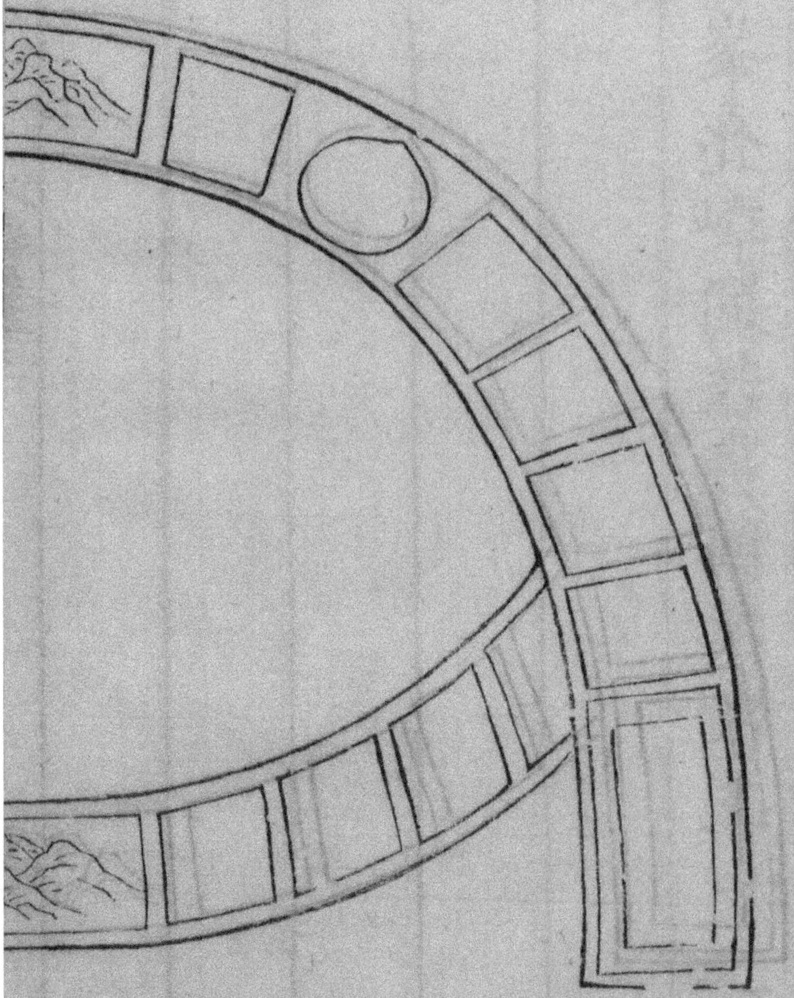

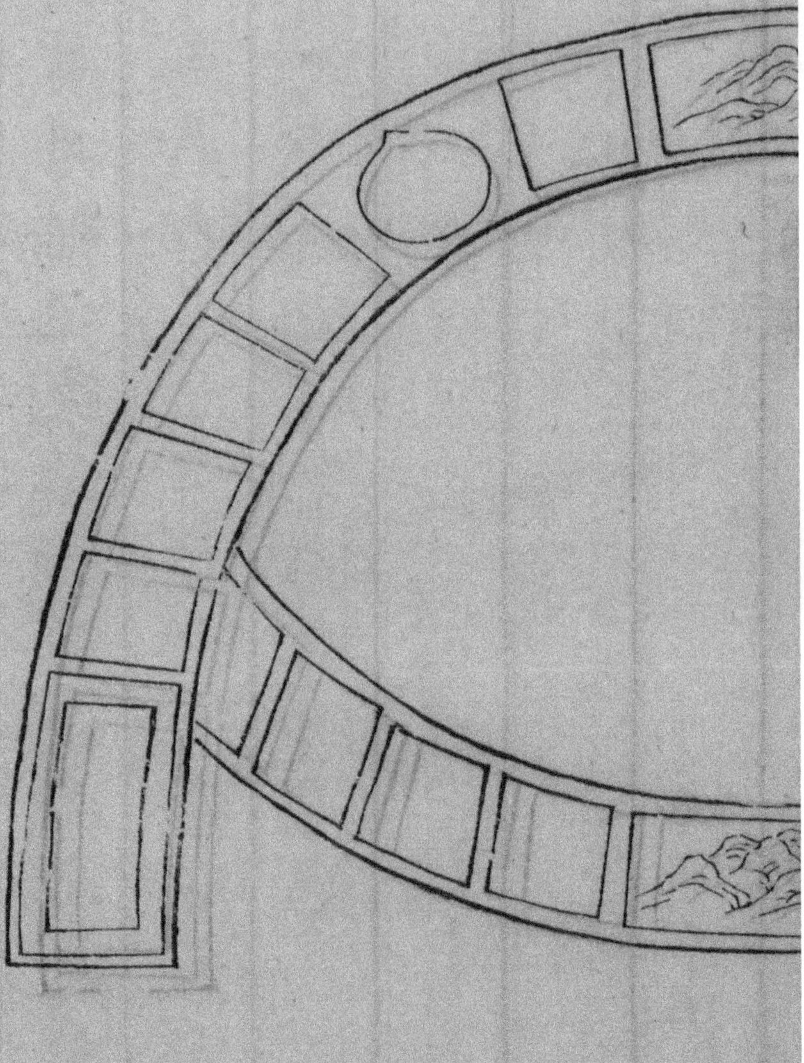

右帶胯數長濶厚薄悉同前帶玉色淡碧而晶瑩周身朴素無文惟帶胯之上天然山岳之形奇峯疊嶂儼若畫圖亦諸玉中之奇異者也

宋淳熙敕編古玉圖譜第五十二冊 終

宋淳熙敕編古玉圖譜第五十三冊

古玉琱文全佩

古玉图文全册

宋志纯编绘古玉图谱六十二册

珉

璜

牙

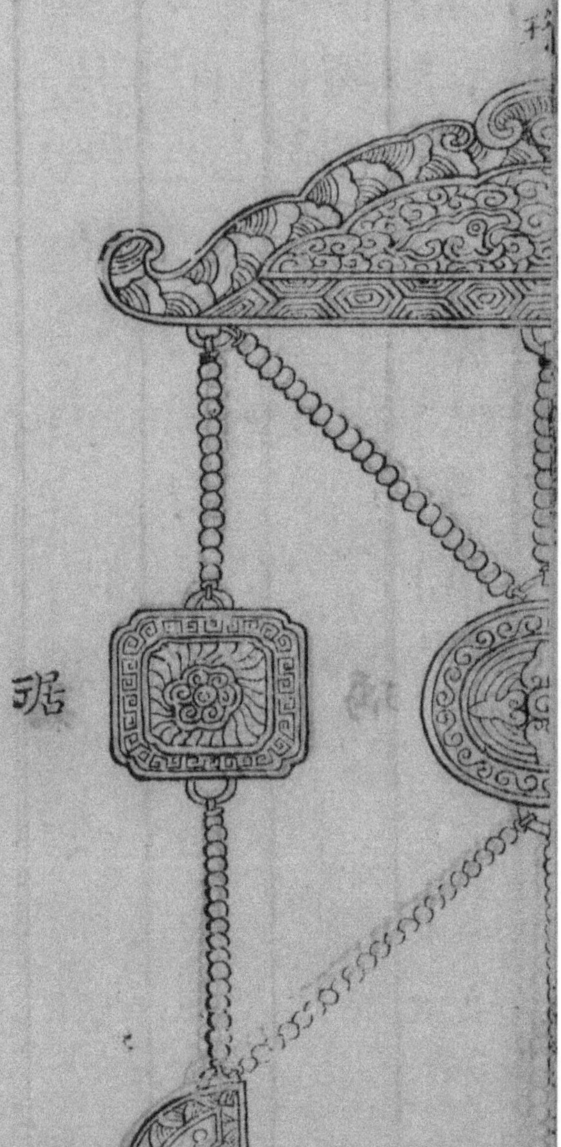

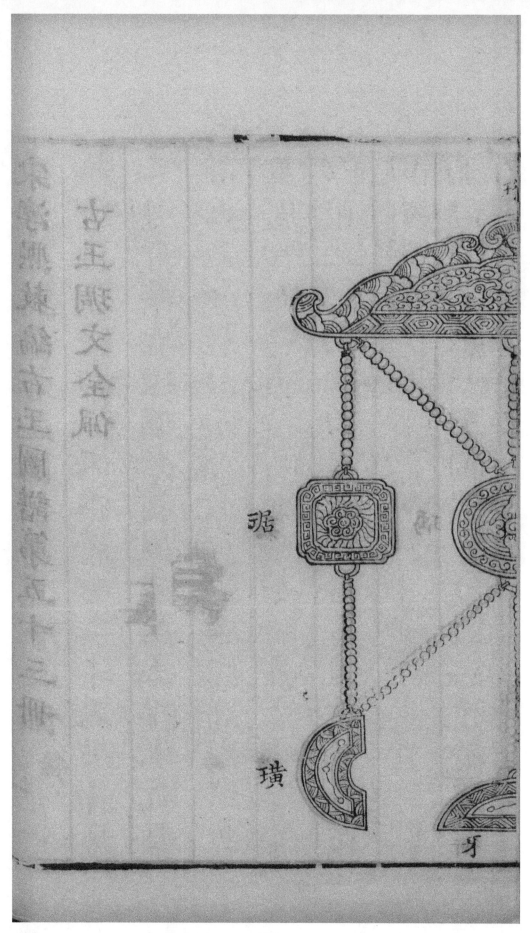

右佩共長三尺上珩横八寸九分濶六寸中瑀圓徑六寸一分兩琚各方三寸兩璜各長三寸濶半之下衝牙長五寸五分濶半之厚各四分玉色甘青無瑕璊文華縟非漢所能蓋周物也臣謹按詩鄭風女曰雞鳴曰雜佩以報之鄭元註曰襍佩者左右佩玉也上横曰珩下繫三組貫以蠙珠中組之半貫一圓玉曰瑀末懸一玉兩端皆鋭曰衝牙兩旁組

半各懸一玉方長博而方曰琚其末各懸一玉如半璧而向內曰璜又以兩組貫珠上繫珩兩端下交貫於瑀而下繫兩璜則衝牙觸璜而有聲也此蓋全佩之制度也

古玉鬼工連環寶鈴全佩

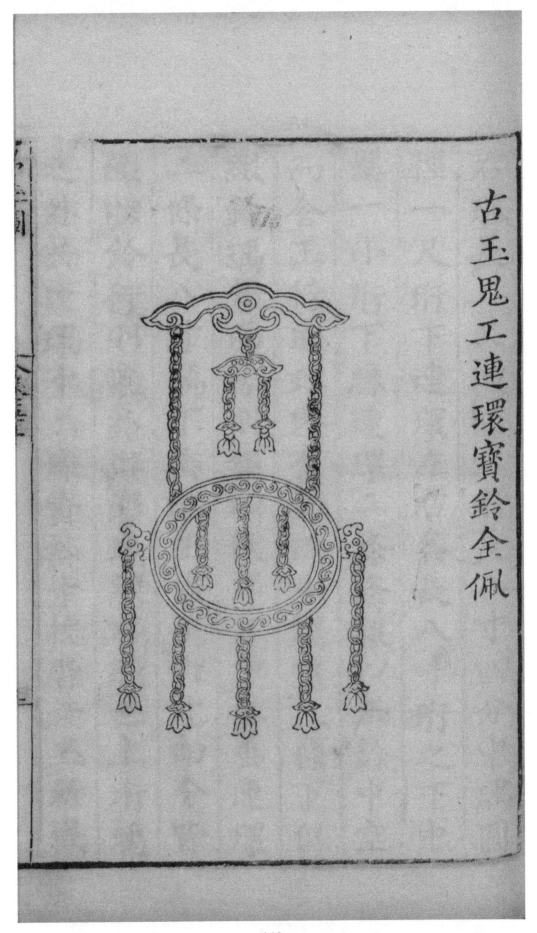

右珮長二尺四寸上珩長八寸四分中瑀圓徑一尺珩下連環左右各長八寸珩之下中懸一小珩下聯連環二條條綴以玉鈴中空而含玉行則玎玲有聲瑀中連環三條下俱綴鈴瑀之兩旁則綴以獸耳耳下各垂連環二條長八寸瑀下垂環三條長六寸四分皆綴以鈴行則衆鈴俱響玲然可聽已上珩瑀之外共連環十二條寶鈴十枚皆一玉所成

不知出自何代迨西域之鬼工也玉色甘青
瑩澈而無瑕琱文精妙玉器中之神品也

古玉琱文佩珩

右珩長八寸二分濶四寸玉色瑩白璊斑勻布瑑刻中列蟠虬外圍蟠虁雷文琱法之精細同絲髮漢室良工所為者也

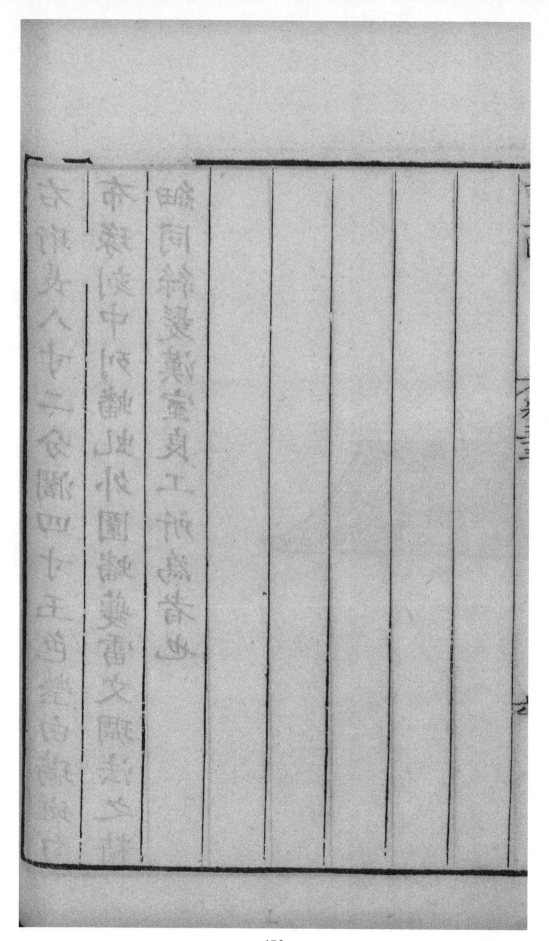

古玉荷葉佩珩

右珩長八寸四分闊四寸二分厚四分二厘
玉色淡碧璊斑勻點其蕰脉枝葉琱文古雅
儼同圖畫亦漢器也

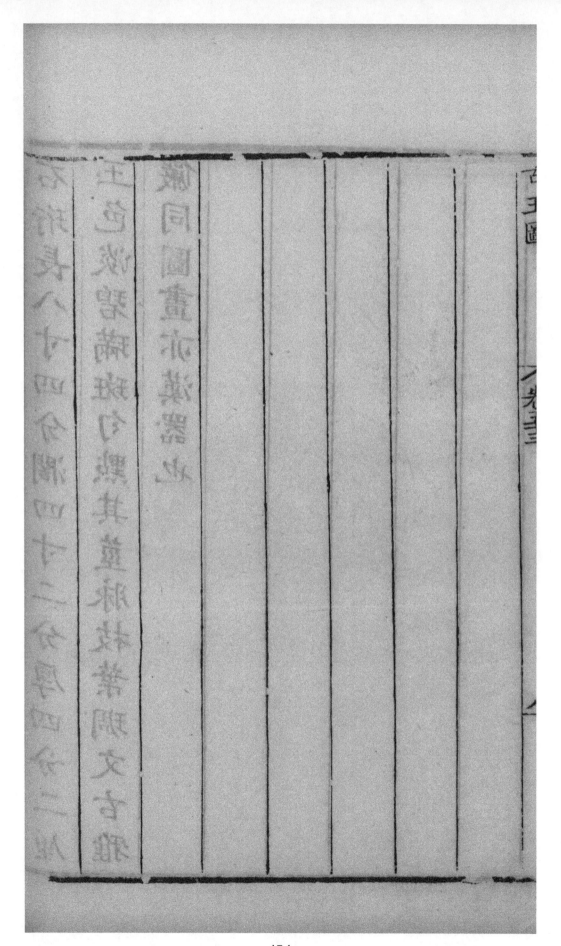

古玉琱文佩瑀

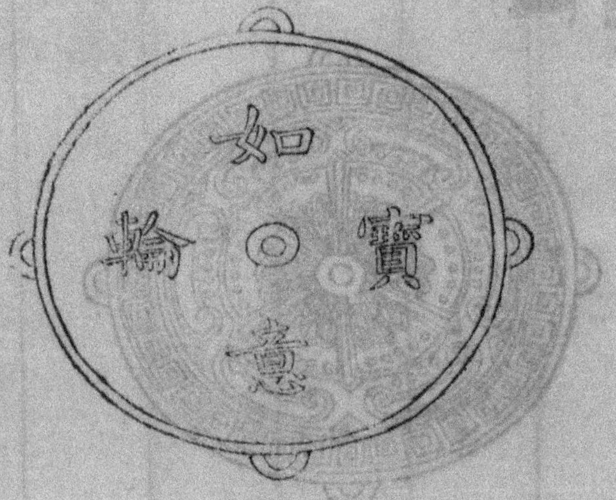
如
寶
意
輪

右瑪圓徑六寸厚四分玉色甘黃璊斑布點琱文外繞雷文内列如意蕉葉之象華縟富麗漢魏之良工也

古玉衍波文佩瑀

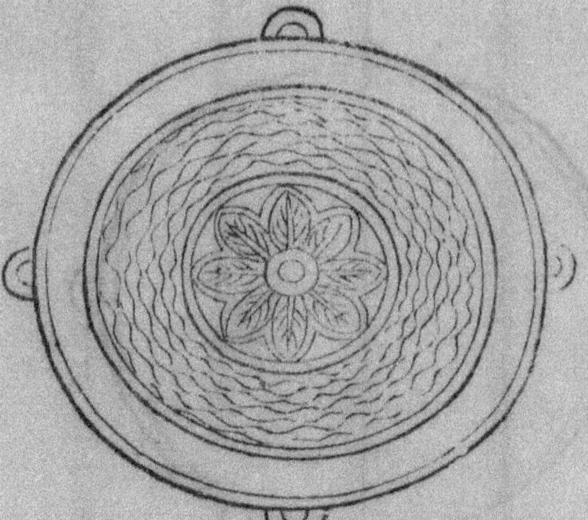

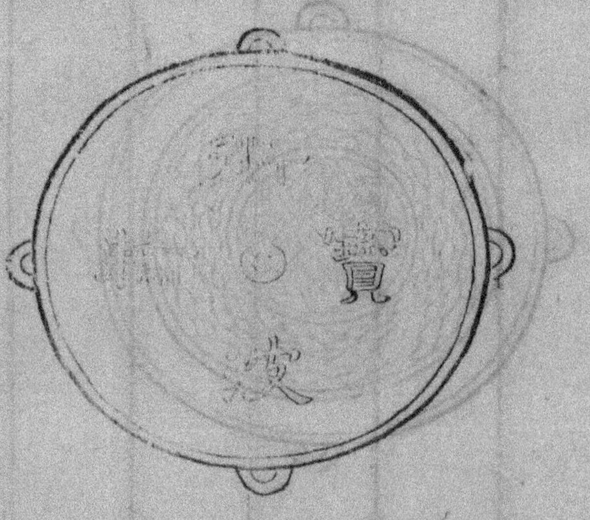
寶

右瑀圓徑六寸二分厚四分玉色淡碧璊斑丹赤琢刻作衍波相輪之形琱法精工漢已前物也

宋淳熙敕編古玉圖譜第五十三冊 終

宋淳熙敕編古玉圖譜第五十四冊

古玉疊勝佩琚

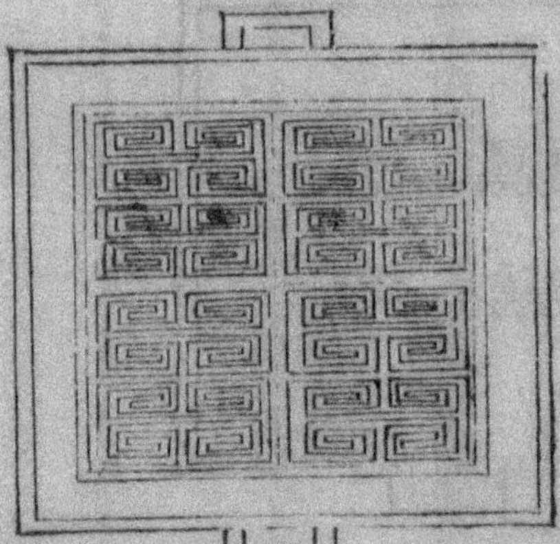

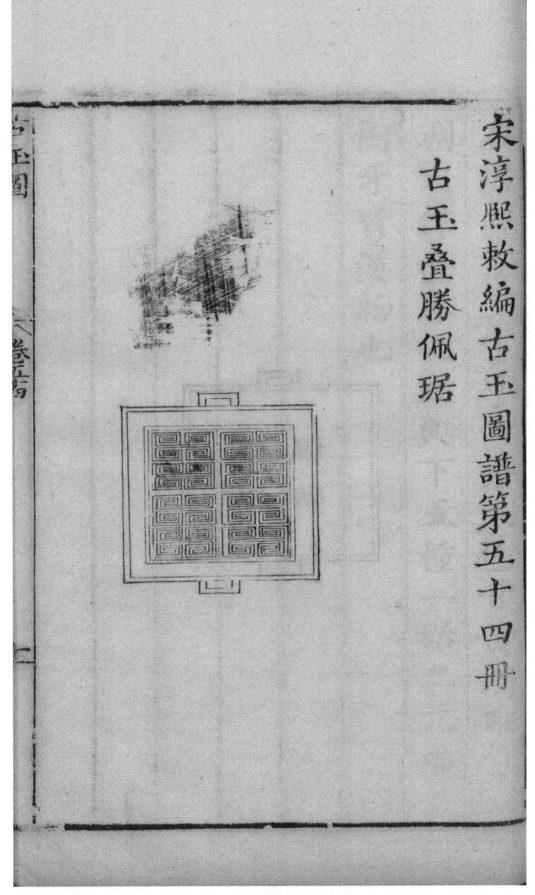

古玉疊勝佩琚

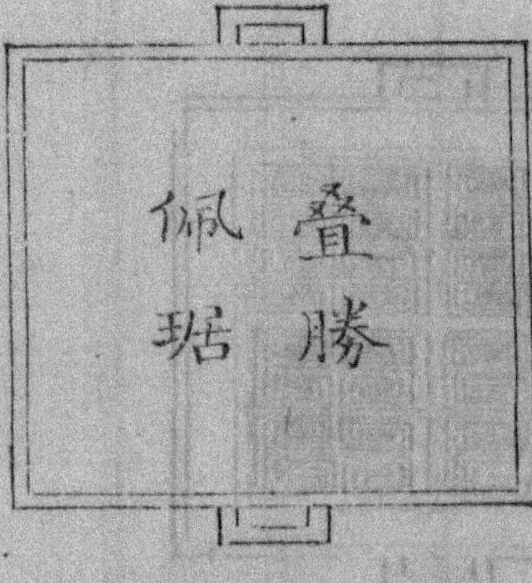

右琚四方三寸厚四分玉色甘黃璊斑勾點
琱文作疊勝之文與下五種一琚二元璜二
衝牙皆漢物也

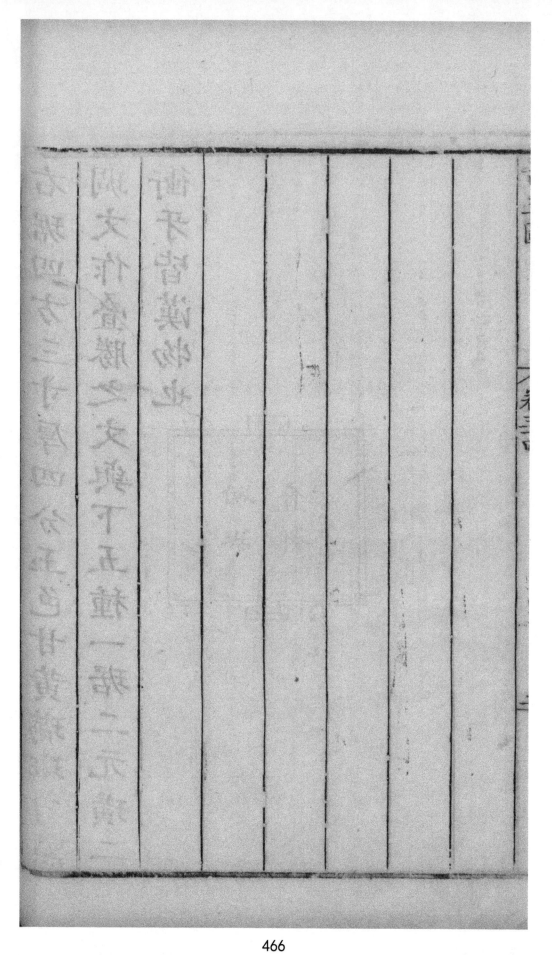

古玉委角琱文琚

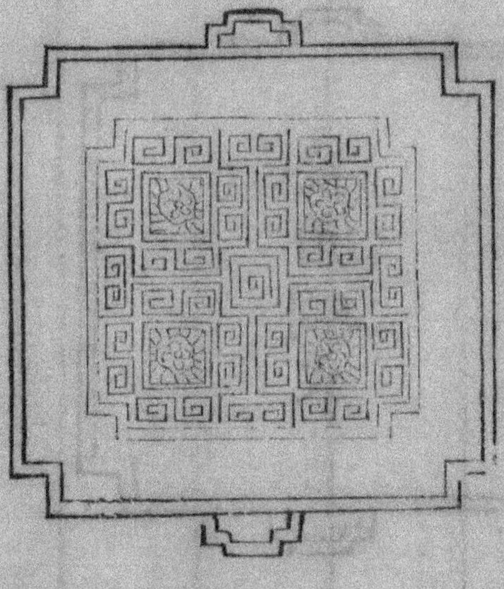

委角琱文

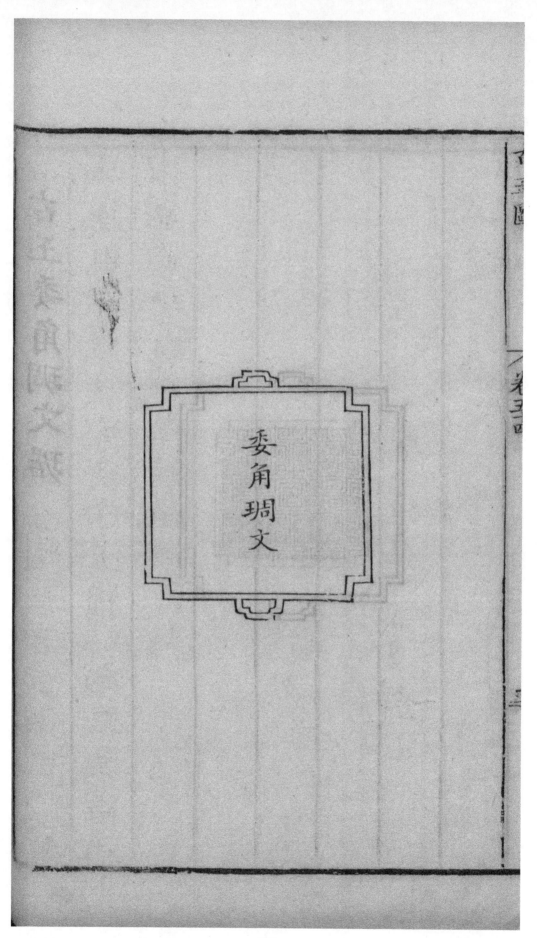

右琚四方長短厚薄悉同前琚唯玉色淡碧
璊斑殷紅式作四方而委角瑑刻外繞雷文
内琱葵藕最為華縟漢物無疑

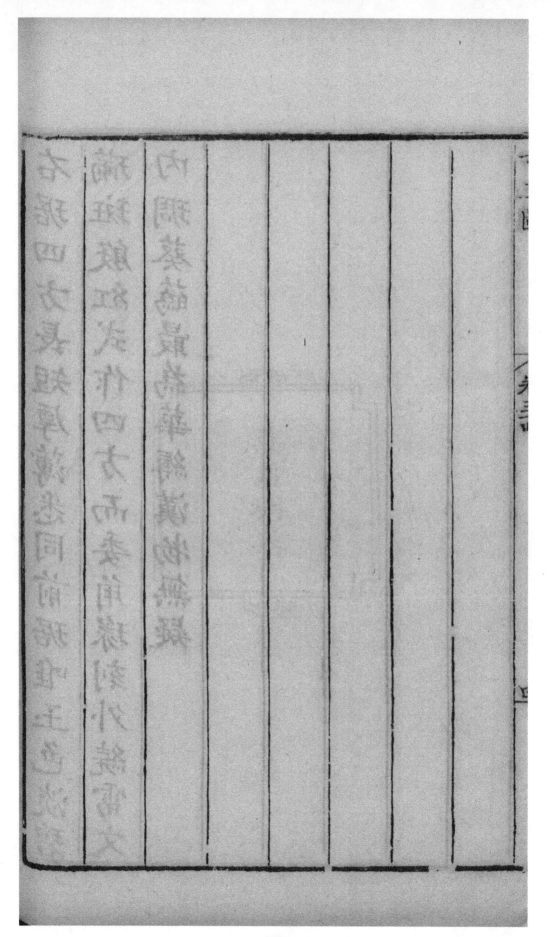

古玉連珠臥蠶玉佩衝牙

運珠卧蚕玉佩衡牙

右衡牙長五寸濶半之玉色瑩白璘斑勻布瑑刻連珠臥蠶之文最為華縟漢器之精者也

古玉連波元璜

元璜

右璜長三寸濶半之玉色微紅而瑩澈瑑刻連波星宿之象漢物也

古玉連波元璜

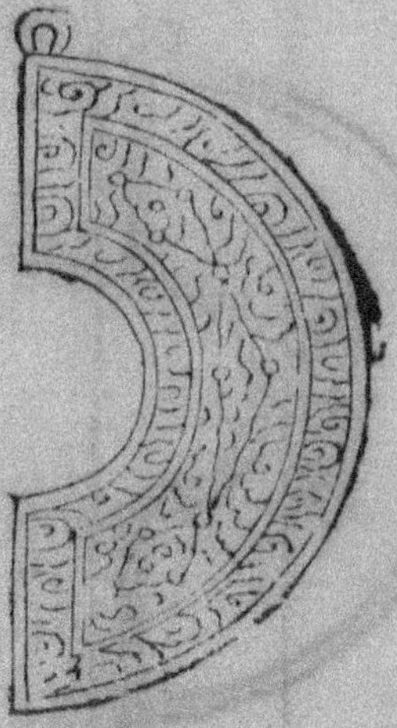

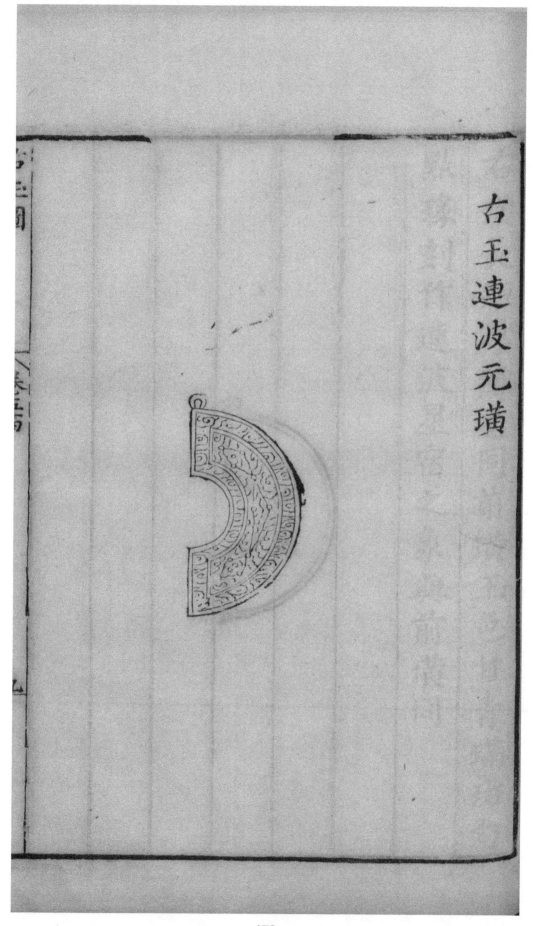

連波文璜

右璜長短厚薄悉同前璜玉色甘青璊斑勻

點琢刻作連波星宿之象與前璜同

古玉素質玉佩衝牙

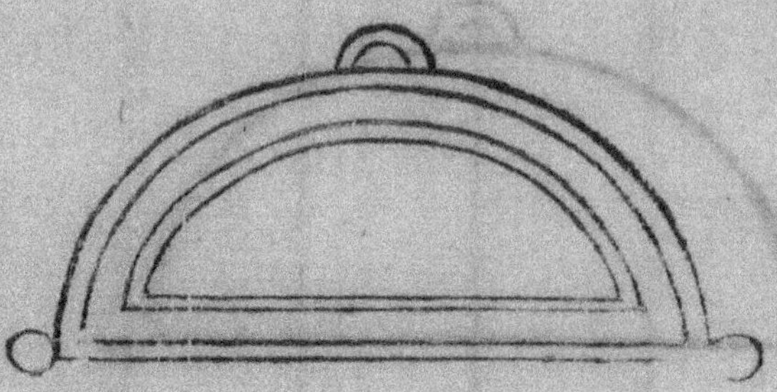

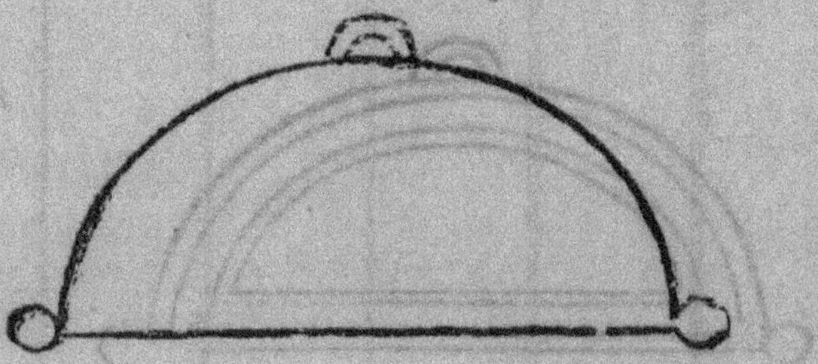

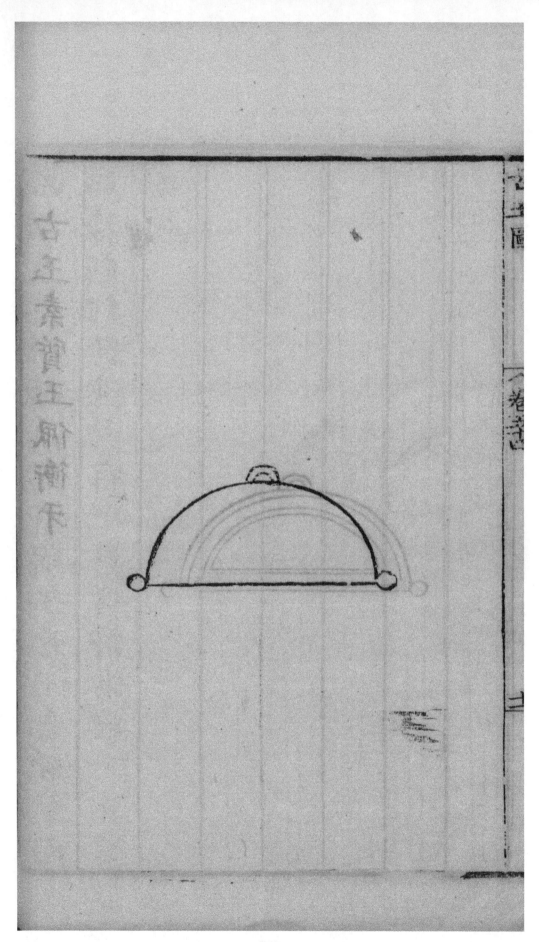

右衡牙長短厚薄悉如前衡牙玉色元紫而晶瑩瑑刻於邊而已中外皆朴素無文皆漢物也

宋淳熙敕編古玉圖譜第五十四冊 終